다산、그에게로 가는 길

다산, 그에게로 가는 길

초판 1쇄 펴낸날 2014년 3월 25일
초판 4쇄 펴낸날 2017년 6월 15일

지은이 김은미 김영우
펴낸이 이건복
펴낸곳 도서출판 동녘

전무 정낙윤
주간 곽종구
책임편집 구형민
편집 최미혜 이환희 사공영 김은우
미술 조정윤
영업 김진규 조현수
관리 서숙희 장하나

일러스트 조재석
인쇄·제본 영신사 **라미네이팅** 북웨어 **종이** 한서지업사

등록 제311-1980-01호 1980년 3월 25일
주소 (10881) 경기도 파주시 회동길 77-26
전화 영업 031-955-3000 편집 031-955-3005 **전송** 031-955-3009
블로그 www.dongnyok.com **전자우편** editor@dongnyok.com

ISBN 978-89-7297-710-0 44150
978-89-7297-709-4 (세트)

• 잘못 만들어진 책은 바꿔 드립니다.
• 책값은 뒤표지에 쓰여 있습니다.
• 이 도서의 국립중앙도서관 출판시도서목록(CIP)은 서지정보유통지원시스템 홈페이지 (http://seoji.nl.go.kr)와 국가자료공동목록시스템(http://www.nl.go.kr/kolisnet)에서 이용하실 수 있습니다.(CIP제어번호: CIP2014007937)

다산

우리 인물 답사기

그에게로 가는 길

김은미 · 김영우 지음

동녘

머리말

그는 타고난 천재였다. 게다가, 대단한 노력가였다. 한마디로 범상치 않은 위대한 인물이었다. 그러나 그런 그가 우리와 무슨 상관이 있는가! 이것은 다산(茶山)에 대한 글을 쓰기로 마음먹었던 10년 전부터 계속되어 온 질문이다. 그가 위대한 사상가이기는 하지만, 한 인물의 인생을 일방적으로 미화(美化)하고 심지어 성화(聖化)하는 것은 얼마나 민망한 일인가. 우리는 그런 글은 쓰고 싶지 않았다.

다산에게 마음을 여는 일은 뜻밖에도 아이가 읽던 위인전에서 시작되었다. 책상 위에 아이가 펼쳐 둔 위인전의 한 부분, "정약용은 자신을 극진히 사랑해 주던 어머니를 여의었다. 어머니를 잃은 어린 정약용은 큰 슬픔에 잠겼다." 때문이었다. 그제야 그도 한 인간이었음을 깨닫게 되다니, 그것은 좀 때늦은 일이었을까? 그가 너무나 뛰어난 사상가라서 오히려 그의 위대한 삶이 그의 인간적 고뇌를 가린 결과인지도 모르겠다. 하여튼 그날 이후로 우리는 위인 정약용이 아닌 인간 정약용을 생각하게 되었다.

한창 응석 부릴 나이에 친엄마를 잃은 그의 아홉 살

마음을 떠올리자, 어머니와 아버지에 이어 형제와 자식과 자신의 멘토마저 먼저 보내야 했던 그의 상실감이 새롭게 다가왔다. 살면서 누구나 겪게 되는 일이라지만 그는 더 일찍 더 크게 그런 상실감을 경험했던 그냥 한 남자였던 것이다. 정약용이 남긴 발자국을 따라 걷는 일은 그래서 미화의 고역(苦役)이 아닌 한 사람을 알아가는 즐거운 과정이 될 수 있었다.

우리의 전작(前作)《퇴계, 달중이를 만나다》때처럼 이번에도 우리는 열심히 답사를 다녔다. 글을 쓰기 위한 답사라기보다는 인간 정약용을 이해하기 위한 여행이었다. 남양주는 물론이고 춘천이며 해미, 수원, 나주, 곤지암, 포항 장기까지, 정약용과 관련이 있는 곳은 황해도 곡성만 빼고 대부분 다 가보았다. 그래서 강진에도 네 번이나 가게 되었다. 갈 때마다 강진은 참 멀었다. 의정부에서도, 서울에서도, 심지어 부산에서도 강진은 참 먼 곳이었다. 돌아갈 기약도 없이 그 먼 강진으로 유배되어 가던 정약용의 심정을 그곳에 가보고서야 가슴으로 이해할 수 있었다. 한강이 흐르는 마재를 절절히 그리워하며 살았을 강진의 정약용, 인간 정약용의 고달팠던 유배살이를 조금 더 잘 이해할 수 있게 되었음은 물론이다.

누군가 《퇴계, 달중이를 만나다》를 호평하면서, 다음 작품인 정약용 편에서 다산 전공자인 김영우 선생이 얼마나 욕심을 덜 부릴 수 있을 지 궁금하다고 했던 기억이 난다. 정보의 양이 전작에 비해 많아졌으니 결과적으로는 우리가 욕심을 부린 셈이 되었다. 이것은 굴곡 깊었던 정약용의 삶 자체의 이야깃거리가 많기 때문일 수도 있고, 십 년이나 준비하는 동안 우리의 할 이야기가 많아진 탓일 수도 있다. 아무쪼록 작가의 과욕이 아닌 친절함으로 독자에게 다가가기를 기대해 본다.

본격적으로 집필에 몰두할 즈음, 시아버님이 돌아가셨다. 그리고 지난해 가을, 출판 전 교정에 힘을 쏟을 무렵 나의 아버지도 돌아가셨다. 우리 부부는 일 년 사이에 두 분의 아버지를 모두 잃었다. 어머니를 잃은 아홉 살 정약용의 이야기로 시작한 이 글이, 또 어머니 없이 사는 서연이의 이야기를 지나 어머니를 잃은 달중이의 이야기로 마무리한 이 글이, 결과적으로는 우리의 이야기가 되고 말았다. 슬픔과 그리움은 지금도 복병처럼 곳곳에 숨어 있다. 늘 자식들 잘 되기를 소망하셨던 우리 아버지들에게 깊은 그리움을 담아 서문의 한 단락을 꼭 할애하고 싶었다.

감사의 인사를 전할 분들이 정말 많다. 말하지 않아도 다들 우리의 마음을 잘 아실 테지만 홀로 남은 두 어머님이 오래도록 건강하셨으면 좋겠다는 마음은 글로 남겨두고 싶다. 답사지 곳곳에서 만났던 문화 해설사들에 대한 감사와, 이 작품의 구상 단계에서 응원해 준 이효진 씨, 더 좋은 글 되도록 애써주신 경주 모도리네 박찬석 선생님과 동녘의 구형민 선생님에 대한 감사도 따로 챙겨야겠다. 우리의 기쁨 민규, 민서, 병윤이에게 깊은 사랑을 전한다.

2014년 봄빛 감도는 해운대에서

일러두기

2장 제목은 〈말하는 대로〉(이적 작사·작곡, 처진 달팽이 노래)의 가사 중에서, 3장 제목은 〈하늘을 달리다〉(이적 작사·작곡·노래)의 가사 중에서, 4장 제목은 〈언제나 마음은〉(유준열 작사·작곡, 동물원 노래)에서 빌려 왔음을 밝힙니다.

차 례

부록

'아홉 살'이 같았다. 나도 아홉 살, 그도 아홉 살이었다. 초등학교 2학년, 아직 나 혼자 머리도 잘 빗지 못할 때였다. 친구들이 갈래머리를 땋거나 색색의 방울로 앙증맞게 머리를 묶고 학교에 올 때, 나는 그냥 단발머리 찰랑대며 학교에 가야 했다. 그때가 아홉 살이었다. 학교 숙제로 나온 가족 신문을 만드느라 아빠와 둘이 머리 맞대던 그때, 커다란 손에 어울리지도 않는 내 작은 파란 가위를 들고 일부러 헛웃음을 날리는 아빠를 보면 괜히 눈물이 날 것만 같던 그때, 그때가 바로 아홉 살이었다.

아홉 살에 그도 엄마를 잃었다. 위로 형들이 있었으니 외동인 나보다는 덜 외로웠겠지만 그래도 정약용 그의 마음에는 언제나 바람이 불었을 거다. 유난히 하늘이 맑은 가을날엔 슬픈 마음 씻으려고 일부러 큰 소리로 노래를 불렀을지도 모른다. 친척들이 모인 명절 어느 날에는 더더욱 씩씩한 척 굴었을 테고, '불쌍한 것' 하면서 할머니가 이불을 끌어 올려 줄 때마다 잠든 척하느라 숨을 더 크게 내쉬었을지도 모른다, 그도 나처럼.

공개 수업 날, 예쁘게 차려입은 엄마들 틈에서 어색하게 손 흔들던 아빠의 모습이 가슴에 박힌 채 아홉 살을 넘기고 열 살, 열한 살, 열두 살을 지내 버린 나. 그래서 나는 더욱 그의 아홉 살에 마음이 쓰였다.

아빠가 주워 온 먼지 쓴 모형 배는 나무로 간단하게 만든 것이었다. 흔한 나무토막으로 만든 단순한 것이어서 그렇게 정교해 보이지는 않았지만, 한눈에 봐도 그건 배였다. 게다가 글자. 모형 배 한 귀퉁이에 새겨진 열수(洌水)라는 글자야말로 이 배의 내력과 관련이 깊어 보였다.

정약용에 대한 이야기는 윤리 선생님의 그 말씀 이전에도 들은 적이 있겠지. 물론 기억은 안 나지만, 중학교 때도 배웠을 거고 어쩌면 초등학교 때 위인전으로 만났을지도 모른다. 그러나 지난 봄, 윤리 수업을 듣고 나서야 비로소 나는 정약용의 삶에 관심을 갖게 되었다.

"이 사람은 아홉 살에 어머니를 잃었어."

윤리 선생님의 그 말씀이 내 귀에 유독 크게 들렸었는데…….

남 교수님이 해 주신 말씀으로 미루어 보면 이 모형 배는 정약용이 만든 것이 분명하다. 남 교수님은 정약용이 한강을 '열수'라고 불렀다 하셨다. 게다가 정약용이 여기 춘천을 여행했다면서? 남 교수님 말씀으로는, 환갑도 지나서 북한강을 이용해 춘천까지 유람했다는데. 춘천을 여행하던 정약용은, 아빠가 모형 배를 주운 그 동네 어디

쯤에 머물렀을까? 점심을 먹고 나서 동네를 거닐었을까? 그러다가 나무토막을 골라 이 모형 배를 만들었을지도 몰라. 혹시 자기를 춘천까지 태워 온 그 배를 흉내 내서 만든 건 아닐까? 우리도 가끔은 종이배를 만들거나 나뭇잎을 띄워 보내곤 하잖아, 흐르는 물을 보면.

그는 주변의 나무토막을 모았겠지. 그러고는 하나를 골라 이렇게 저렇게 모양을 다듬었겠지. 다 만든 배를 보고 뿌듯해했을까? 그를 춘천까지 데려온 북한강을 생각하며 그 배의 한 귀퉁이에 열수라고 새겼을 거야. 그러고는 이 북한강에 그 배를 띄운 건 아니었을까?

나처럼 아홉 살에 엄마 없는 아이가 되었던 정약용. 그 '아홉 살'이 같다고 생각하니 역사 속 정약용이 갑자기 친밀하게 느껴진다. 그 친밀감 때문일까, 정약용의 발자취를 되짚어 보는 것이 너무나 간절하게 '내가 하고 싶은 일'이 되었다.

춘천에서 남양주는 그리 멀지 않다. 서울 가는 길로 가다 보면 멀지 않은 곳에 남양주가 있지. 나처럼 아홉 살에 엄마를 떠나보낸 정약용이 태어나 자란 곳, 어서 그 남양주에 가 보고 싶다.

피아노를 시키는 게 아니었다. 원래도 감수성이 남다르고 말수 적은 녀석이었는데, 피아노를 치면서 점점 더 조용해져 간다. 아니, 조용해져 간다기보다는 너무 음악에만 빠져든다. 녀석이 〈열정〉을 연주할 때에는 정말 베토벤의 폭풍 같은 열정이 떠올라 두렵다. 녀석이 쇼팽의 발라드를 칠 때에는 너무나 우아해져서 내가 모르는 다른 사람처럼 느껴지기도 한다. 겨우 9년을 함께 살았을 뿐인데, 아니 9년도 채 같이 못 살았는데 저 녀석이 제 엄마의 음악적 감수성을 그대로 닮은 것 같아 나는 녀석이 때때로 놀랍고 때때로 두렵다.

직업을 바꿀 수도 없는 노릇. 아직도 아포리 공사는 한참 남았다. 내가 현장에 나가 있을 때는 학교 끝나자마자 곧장 돌아와 거의 자기 혼자 지내는 눈치인데 저렇게 혼자만의 세계가 깊어져도 괜찮은 건지……. 요즘 들어 후회가 된다. 차라리 다른 아이들과 어울려 학원에라도 다니게 그냥 공부를 시킬 걸 그랬나? 피아노가 좋다니 그건 다행이지만 피아노에만 빠져 혼자만의 세계, 혼자만의 음악 속에 갇혀 살게 되는 건 아닌가 자꾸 걱정이 된다. 제 엄마가 살아 있다면 저 녀석의 저런 성향을 잘 다듬어 정

말 훌륭한 피아니스트로 키울 수도 있을 텐데.

남 교수님 얘기를 꺼내길 잘한 것 같다. 남 교수님과 그 사모님을 유독 좋아하는 녀석이니……. 내가 주운 저 작은 배가 정말 남 교수님의 말씀처럼 정약용과 관련된 배일까? 남 교수님은 정약용과 관련된 물건일 거라고만 하신 것을 내가 좀 과장한 감이 없지는 않지만……. 그래도 그 모형 배 때문에 녀석이 정약용의 생가에 가 보고 싶어 하니 그것만으로도 큰 소득이다. 도대체 이게 얼마만의 나들이인지. 그래, 이렇게라도 자꾸 밖으로 다녀야지. 녀석이 밝고 예쁘게 잘 자라는 거, 그거 말고 지금 내가 바랄 게 뭐가 더 있겠나.

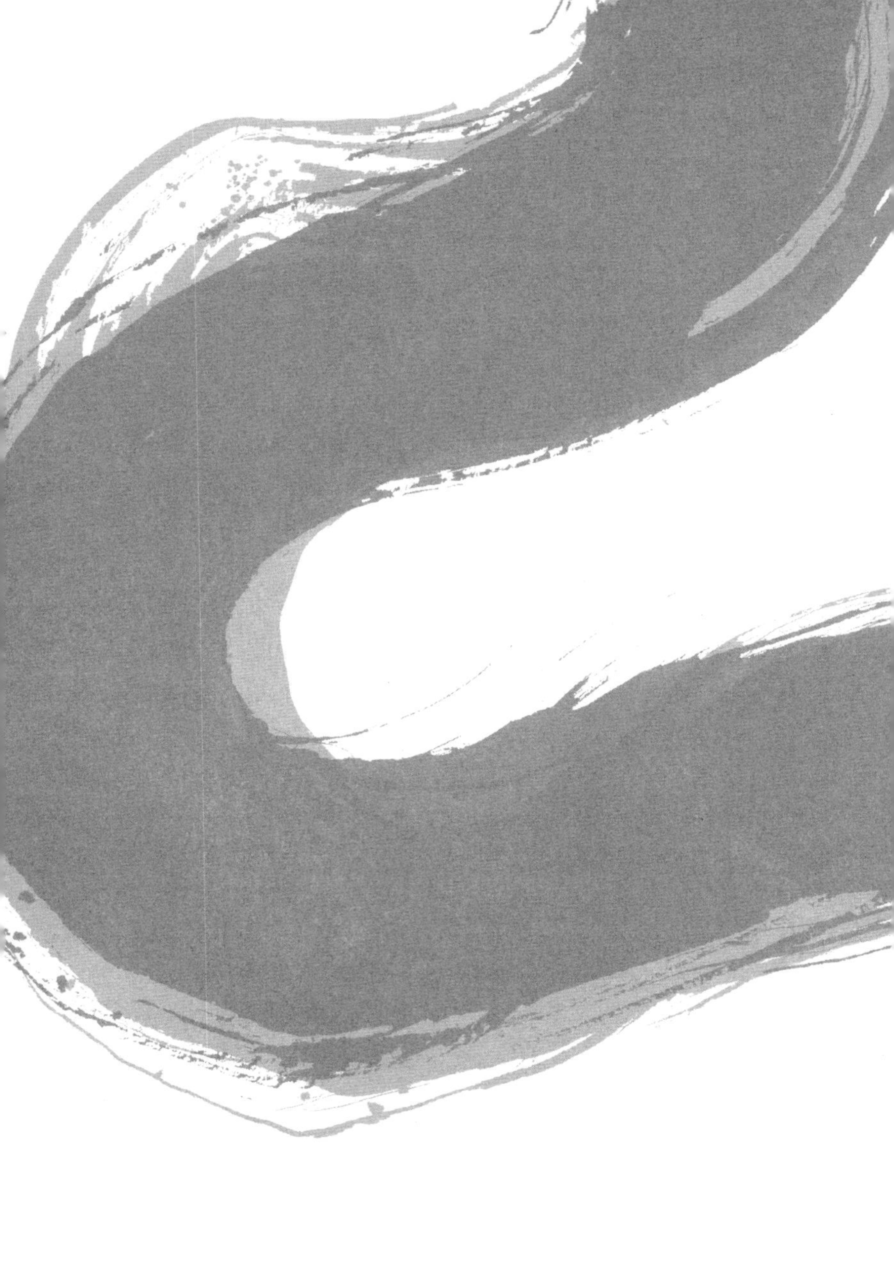

1

어디에서나 한강이 보인다

언젠가 뉴스에서 송화 가루 퍼지는 장면을 봤다. 노오란 연기 같은 것이 산 위로 퍼지는 모습. 기자는 그 노오란 연기가 바로 흩날리는 송화 가루라 했다.

정약용의 묘소에도 송화 향이 가득했다.

"올라오는 길에는 고사리가 많더니 여기는 송화 향이 가득하네요?"

"그래. 송화 가루 날릴 계절이지, 지금이."

"묘소의 느낌이 뭐랄까, 조금 엄격해 보이는 것 같기도 하고."

아빠와 나는 묘소 주변에 잠시 앉았다. 청설모가 부지런히 나무를 오르내리고 바람도 적당히 살랑거렸다. 묘소 아래쪽으로 사람들이 움직이는 것이 보였다. 다들 저 아래 목조건물 주변에 모여 있는 것 같았다.

“좀 막막해요, 아빠.”

“막막하다니?”

“정약용 생가까지 오기는 했는데 뭘 봐야 할지 모르겠어요. 춘천에서 남양주까지 올 때는 뭔가 거창한 답사를 하는 것 같았는데, 막상 여기 오니까 그저 모르는 사람 묘 앞에 앉아 있는 것 같은 그런 느낌이에요.”

“우리가 너무 준비 없이 온 건가? 하긴, 정약용의 생가가 경기도 남양주시 능내면 조안리에 있다, 나는 이것만 알고 왔으니.”

“정약용은 여기를 마재라고 불렀대요. 실제로 이곳의 예전 이름이 마현, 마재, 이랬다던데요?”

나는 달개비 풀잎을 만지작거리면서 중얼거렸다.

“그 정도만 알고 왔어도 되지요. 더 궁금한 게 있으면 저기 계시는 문화 해설사에게 여쭤 보면 되고요.”

낯선 목소리에 놀라 고개를 돌렸다. 이십대로 보이는 언니, 오빠가 서 있었다.

“안녕하세요? 학생이 너무 막막해하기에요……. 실례가 된 건 아니겠지요?”

오빠가 말했다.

"실례라니요. 안 그래도 딸아이하고 둘이 고민하고 있었습니다. 너무 준비 없이 왔더니 여기까지 왔는데도 온 보람이 없구나 싶어서요."

"그래도 책을 한 권 읽고는 왔는데……."

내가 입속으로 중얼거리자 오빠 옆에 선 언니가 살짝 웃었다.

"그 정도면 준비 많이 한 거예요. 대부분의 사람들은 여기가 경치 좋고 한적하다고 바람 쐬러 오는데 학생은 그래도 답사를 온 거잖아요. 책도 미리 읽고 왔고. 훌륭해요, 그 정도만 해도."

"그럼 언니도 바람 쐬러 온 거예요? 아, 제 이름은 서연이에요."

"어머나, 이름 예쁘다. 나는 고미영이라고 해. 여기는 권달중 씨. 저희도 사실 답사를 온 거예요."

"답사라고요? 그랬구나. 그럼 이분들을 따라다니면 어떨까요? 그러면 우리도 답사에 끼는 거잖아요. 어때요, 아빠?"

반가운 마음에 덜컥 말을 던지긴 했지만, 갑자기 민망해져서 나는 눈을 내리깔고 아빠 팔만 잡아당겼다.

"글쎄다. 우리야 그러면 좋겠지만 이분들 공부하시는 데 방해되지 않을까?"

아빠가 난처한 표정을 짓자 오빠가 사람 좋은 표정으로 싱긋 웃으며 말했다.

“아닙니다, 방해라니요. 저희가 아는 게 별로 없어서 그게 걱정이지요. 괜찮지, 미영아?”

“그럼. 원래 우리도 선생님들 따라 다니면서 답사의 재미를 배웠잖아.”

“그렇지. 문회 선생님, 공옥 선생님 덕분에 우리가 답사에 눈을 떴지.”

어리둥절해하는 나를 보면서 미영 언니가 싱긋 웃었다.

“자, 그러면 뭐부터 이야기할까? 아까 얼핏 들으니 춘천에서 왔다면서? 일단 여기가 마재라는 건 아는 것 같고.”

“사실 여기 마재는 강변이라 홍수가 자주 나던 곳이었대. 홍수가 나면 그동안 지어 왔던 농사도 다 망치고, 논밭도 잃고. 그래서 사람들은 강보다는 산 가까이에서 밭을 일구며 살아야 했대. 그렇지만 강변이어서 좋은 점도 있었단다.”

“풍경이 좋았을까요?”

“뭐 그런 점도 있겠지만 무엇보다 교통이 좋았다는 거지. 여기서 배를 타면 하루 만에 서울에 닿았거든. 달중아, 실학 벨트 이야기도 해 주지그래?"

고미영 언니가 눈을 동그랗게 하고 권달중 오빠를 쳐다보며 말했다.

"정약용도 실학자였잖아? 조선 후기 실학자들은 대개 한강을 중심으로 포진해 있었어. 남양주, 양평, 여주, 광주……. 모두 한강 줄기라서 일종의 실학 벨트를 이루고 있었던 거지. 지금이야 인터넷 덕분에 격차가 덜하지만 당시에는 정보의 수용 면에서 서울과 지방의 차이가 아주 심했어. 서원이 지방의 교육을 상당 부분 담당하고는 있었지만 아무래도 새로운 문물이 지방까지 파급되는 건 무척 더뎠겠지."

부드러운 표정으로 권달중 오빠가 말했다.

"아, 그럼 서울과 가까워야 새로운 정보들을 놓치지 않을 수 있겠네요?"

"그렇지. 그러니 정약용으로서는 서울로의 접근성이 좋은 이 마재가 여러 가지로 마음에 맞았겠지. 물론 어린 시절을 보낸 곳이어서, 또 고향이어서, 뭐 이런 이유들은 당연할 거고."

"서연이가 여기 오기 전에 책을 읽었다니까 정약용 선생이 귀양살이를 오래 했던 것도 알겠구나?"

내가 고개를 끄덕거리자 미영 언니가 확인하듯 내게 물었다.

"네, 언니. 강진이랑 장기, 뭐 그런 곳으로 유배를 갔다면서요."

"그래. 정약용은 평생 세 번의 유배를 떠났어. 첫 번째 유배지가 해미였는데, 보름 만에 유배가 풀렸으니 그건 유배라고 하기 좀 뭣하고. 지금의 포항 부근인 경상도 장기와, 전라도 강진으로 갔던 두 번의 유배가 길었지."

"경상도와 전라도라니, 일단 다산이 살던 곳과는 말씨부터 다른 곳이네요. 마재가 더 많이 생각났겠어요."

미영 언니가 고개를 끄덕거렸다.

"장기에 유배 갔을 때 머물던 곳 이름이 공교롭게도 마현이었대. 여기 마재의 다른 이름이 마현이잖아. 그 이름 때문에 더더욱 고향 생각이 간절했을 거야. 게다가 장기와 강진은 모두 서울에서 무척 먼 곳이잖아. 정약용에게는 유배도 유배지만 서울에서 멀리 떨어져 있다는 점도 많이 걸렸던 것 같아. 강진 시절에도 강진으로 이사 오려는 자식들더러 그냥 서울 가까이 살라고 조언할 정도였으니까."

처음 듣는 이야기였다. 서울 가까이 사는 게 나았다는 건가?

"조선 후기 실학자 최한기라는 사람 아니? 그 사람은 책을 사기가 편하다는 것 때문에 서울에 계속 살았을 정도라던데, 뭘."

달중 오빠도 한마디 거든다.

"그렇구나. 그런데 정약용이 계속 마재에만 산 건 아니죠?"

"그럼, 마재에만 산 건 아니지. 정약용은 명례방, 그러니까 지금의 서울 명동쯤에서도 살았어. 열다섯 살에 풍산 홍씨와 결혼한 후 서울로 이사를 했지. 서울의 가문으로 장가를 든 거야. 풍산 홍씨의 남자 형제들, 그러니까 정약용의 매형들은 대개 학자이자 관료였거든. 그 사람들과 교유하면서 비로소 촌티를 벗었다고나 할까?"

"아, 장가들어 서울에서 살면서 서울이 얼마나 중요한 곳인가 알았다는 거군요."

"그렇지. 그런 경험을 통해 정약용은 교육 환경이 정말 중요하다고 생각했나 봐. 그래서 아들들도 서울에서 멀어지지 않도록 신경을 쓴 모양이고."

"실제로 정약용은 이 시기에 새로운 학문을 접하게 돼. 이가환이라든가 이승훈 같은 사람들도 만나게 되고. 정약용의 실학 정신에 불씨를 제공한 성호 이익의 책을 읽은 것도 이 무렵이었대."

성호 이익은 나도 들어본 적이 있었다.

"정약용은 아버지에게 공부를 배웠지만 그의 사상적

스승은 성호 이익이라고 봐도 좋을 정도야. 성호 이익은 정약용이 태어난 바로 이듬해에 죽었으니까 두 사람이 실제로 만날 수는 없었지만, 정약용은 그의 책을 통해서 이익에게 사상적 영향을 많이 받았거든. 충청도 금정이라는 곳에 찰방으로 갔을 때에는, 봉곡사라는 큰 절에 사람들을 모아 놓고 요즘으로 말하자면 이익에 대한 학술대회를 열었어. 그것도 열흘 동안이나."

"두 사람 다 경기도 지방에 사는 근기남인이었고, 사상적 지향도 유사했지."

"묘지명을 읽어 보면 다산에 대해서 개략적으로 알 수 있을 텐데……. 가만있자, 묘비가……."

달중 오빠가 두리번거리며 말했다.

"저 아래 있는 저거 아닌가요?"

내가 묘소 아래를 가리키며 앞장을 섰다. 계단을 다 내려가자 커다란 나무 아래에 비석 하나가 서 있었다.

"자찬 묘지명! 자찬(自撰)이라는 건 자기 스스로 썼다는 거야."

달중 오빠가 비석의 글씨를 가리키며 말했다.

"자기 묘지명을 자기가 써요? 그럼 죽기 전에 미리 썼겠네요?"

"당시에는 회갑 때 자신의 묘지명을 쓰는 것이 유행

이었대. 여기 봐. 정약용도 자신의 회갑인 1822년에 이 묘지명을 썼다잖아."

달중이 오빠가 손가락으로 짚어 주는 곳을 보니 정말 그런 설명이 있었다. 그런데 이상했다. '다산 정약용'이 아니라 '사암 정약용'이라고 쓰여 있었다.

"어, 이상하다. 사암 정약용이라고요?"

"주로 다산 정약용이라고 불리지만 그게 다는 아니야. 호가 더 있어. '사암(俟菴)'도 그중 하나고."

"아, '사암'도 있었구나. 그런데 정약용 선생님은 자신의 호를 다산이라고 잘 안 쓰셨나 봐요? 자기 묘지명을 쓰면서 '다산 정약용'이라고 안 하고 '사암 정약용'이라고 한 걸 보니."

달중 오빠 눈에 얼핏 웃음이 어리는 것 같았다.

"서연이가 예리한걸? 정약용 선생의 호로 '다산'이 제일 유명하긴 하지만 여기에 이의를 제기하는 사람들도 있어. 정약용이 강진에 유배 가 있다가 다산초당으로 옮기면서 그 무렵부터 사용한 호가 '다산'이잖아? 다산초당으로 옮겨간 것이 1808년이었는데 그때 다산은 이미 40대 후반이었거든. 거기 10년쯤 머문 후에는 해배되어 마재로 돌아왔으니까. 실제로 다산초당에 머문 건 10년밖에 안 되는 거지. 그러니까 '다산'이라는 호가 정약용 선생의 대표적인 호가 되는 건 문제가 있다, 이렇게 보는 사람들도 있어."

여전히 웃음 띤 얼굴로 달중 오빠가 말했다.

"그래서 어떤 사람들은 정약용 선생을 '사암'이라고 불러야 한다고 해. 정약용 선생의 후손인 정규영이라는 사람이 정약용에 대한 최초의 전기를 썼는데 그 제목이 《사암연보》였거든. 그러니까 '다산 정약용 선생'보다는 '사암 정약용 선생'이라고 하는 게 옳다, 뭐 이렇게 주장하는 사람들도 있는 거지. 또 어떤 사람들은 정약용을 '열수'라고 부르자고도 하고."

"열수라고요?"

나는 아빠와 눈이 마주쳤다.

"정약용 선생님이 한강의 옛날 이름을 고증해 냈는데 그게 뭔지 알아?"

"그게 '열수'란 말이죠?"

"그래. 한강(漢江)이라고 할 때 '한나라 한(漢)'자를 쓰잖아. 정약용 선생에 의하면 그게 틀렸다는 거야. 이 강의 원래 이름은 열수(洌水)라는 거지. 한강은 열수, 북한강은 저수, 남한강은 습수였다는 거야. 그걸 정약용 선생이 고증해 냈어. 또 이분이 한강을 워낙 좋아하셨잖아. 그러니까 어떤 사람들은 '열수 정약용'이라고 불러야 한다고 말해."

"그런데, 심경호 교수님이 여기에 대해서 쓴 글이 있는데, 결론만 말하자면 정약용 선생의 고증이 틀렸다는 거였어. 정약용이 한강의 옛 이름을 열수라고 봤지만 그건 정약용이 잘못 고증한 거라는 거지."

정약용이 잘못 고증을 했다고? 달중 오빠의 그 말이 내게는 조금 당황스러웠다.

"정약용 선생님이 틀려요? 그렇게 말해도 되나?"

"뭘 그리 놀라니? 틀렸다고 말할 수도 있고, 실제로 틀릴 수도 있지. 학문이라는 건 그렇게 서로 무엇이 옳고 왜 옳은가를 논쟁하면서 발전하는 거잖아. 각자가 살고 있는 혹은 살았던 시대가 다를 뿐, 한강의 옛 이름에 대한 두 분의 학문적 논쟁인데, 뭐."

"그렇군요. 열수, 열수, 열수……."

뭔가 알 듯도 했다.

"그건 그렇고, 정약용 선생에 대한 답사를 시작하려면 일단 머릿속에 정약용의 일대기가 들어 있어야 하는데. 일대기를 알아야 지금부터 우리가 하는 얘기가 무슨 얘기인지 알 수 있을 거 아니야?"

'열수'를 되뇌던 내게 달중 오빠가 물었다.

"아, 일대기……. 에고, 그냥 스케치 수준인데…….

음, 정약용은 이곳 마재에서 태어났는데 이 사람은 아주 머리가 좋았던 것 같고요, 아홉 살 때 엄마를 잃었고요, 정조의 총애를 받아 승승장구하다가 정조가 갑자기 죽은 후에 천주교에 연루되어 강진에서 18년 동안이나 유배 살이를 했고요, 어, 그 유배 기간에 많은 저술을 남겼고요, 그리고 나중에 귀양살이에서 풀려나서는 다시 마재로 돌아와 배를 타고 북한강을 유람했어요. 헤헤, 너무 간단한가요?"

"푸하하, 정말 스케치 수준인데?"

달중이 오빠의 놀림에 나는 좀 머쓱해졌다.

"정약용은 사도세자가 뒤주에서 죽은 바로 그해에 태어났어. 정약용의 아버지는 정재원이라는 사람인데, 당파 싸움에 염증을 느껴 벼슬을 그만두고 마재로 내려왔어. 농사나 지으면서 살겠다고 말이지. 그래서 그때 얻은 아들 정약용의 어릴 적 이름을 귀농(歸農)으로 지었어. 너도 알겠지만, 영조가 탕평책을 써서 당파 싸움을 완화시키려 했고 정조도 그런 할아버지의 정책을 이어나갔잖아. 그건 당파 싸움을 척결하려 한 거라 볼 수도 있지만, 그래야만 했을 정도로 당시의 당파 싸움이 심각했다는 이야기도 되겠지."

아, 정약용의 어릴 적 이름이 '귀농'이었구나.

"정약용이 머리가 좋았다는 얘기는 맞아. 집안이 당대의 명문가였거든. 당시의 과거, 특히 대과는 삼 년에 한 번밖에 안 보는데, 그 시험에서 겨우 서른세 명을 뽑거든."

"삼 년에 한 번 시험 보는데 거기서 겨우 서른세 명? 일 년에 전국 11등까지만 뽑은 셈이네요? 완전 어려운 거였구나……."

"맞아. 정말 우수한 사람이 아니면 대과에 붙기가 어려웠겠지? 그런데 정약용 집안에선 8대 동안이나 대과 합격생이 끊이지 않았대. 그 사람들이 모두 홍문관에 들었고. 홍문관에선 궁궐의 책들을 관리하고 왕의 각종 자문에 응하는, 뭐 그런 일들을 했잖아? 홍문관에 들면 왕을 가까이서 모시잖아. 그래서 당시에는 홍문관에 드는 것을 벼슬아치의 영예라 생각했어. 정약용 스스로도 8대 옥당의 명문가라고 자부했지. 홍문관을 옥당이라고도 부르거든. 그런 집안의 자제답게 정약용은 아주 영민했어. 시도 잘 지어서 어릴 때 문집을 낼 정도였으니."

"문집이라면 책을 말하는 거예요? 몇 살에요?"

"정약용이 어릴 때 마마를 앓았거든. 천연두 말이야. 천연두가 예전에는 치사율이 높았잖아? 다행히 정약용은 죽지 않고 천연두를 이겨 냈는데, 다만 눈썹 위에 그 마마

자국이 남았대. 마마 자국 때문에 한쪽 눈썹이 두 개로 끊어져 보였고, 그래서 눈썹이 세 개인 것처럼 보여서 어릴 적 별명이 '눈썹이 세 개인 아이'라는 뜻의 '삼미자'였대. 열한 살 때 그동안의 글을 묶어 책으로 내면서 책 제목을 '삼미자집'이라고 붙였다는 거야. 신동이었던 거지."

달중 오빠가 '신동'이라는 말에 힘을 주었다.

"그렇게 머리가 좋았던 정약용이 정조의 신임을 받아서 여러 가지 일을 맡게 돼. 문제는 정조의 총애가 다른 신하 특히 노론 벽파 쪽에는 굉장한 부담으로 느껴졌다는 거야."

"드라마 '이산'이 정조 이야기였지요?"

이건 나도 조금 아는 이야기이다.

"맞아. 사도세자가 뒤주에서 죽던 해에 정약용이 태어났다고 했지? 인간 정조를 생각해 보자고. 아버지가 그렇게 비참하게 죽은 사건을 직접 겪으며 자란 인간 정조. 자신이 왕위에 오르기까지 얼마나 숨죽이고 가슴 졸이며 살았겠어? 정적들의 위협은 계속되었을 거고. 물론 머리가 비상하고 아주 정치적인 군왕이었던 정조는 사도세자 사건에 관련된 분노나 복수심 같은 걸 공공연히 드러내거나 그러지는 않았어. 그래도 언젠가는 그 부분을 짚고 넘어가려 했을 거야. 게다가 정조는 지극한 효자였거든."

"반대로, 사도세자를 죽음으로 내몰았던 사람들은 그런 군왕의 심중을 헤아리고 늘 긴장하고 있었을 거야. 언제든 그 사건을 건드리기만 하면 자신들의 입지는 한순간에 위태로워질 테니. 그런데 그런 정조가 정약용을 특별히 아낀다면, 당연히 반대편에서는 정약용을 주시하겠지."

드라마의 장면들이 머릿속에 두서없이 떠올랐다 사라졌다.

"정약용이 중책을 맡았던 거는 알지? 화성을 쌓을 때 거중기를 고안해서 축성 비용을 줄였다던가, 곡산 부사로 나가서 선정을 베풀었다던가, 형조 참의로 근무하면서 사건을 공명정대하게 해결했다던가 하는 것들. 그런데 문제가 있었어. 정약용에게는 항상 꼬리표가 따라다녔어."

"꼬리표라뇨?"

"소위, '천주학쟁이'라는 거."

"아, 천주교 관련……."

어렴풋하게 알 것 같았다.

"정약용은 18살 때, 그러니까 1784년 4월에 큰형수의 동생인 광암 이벽이라는 사람을 통해 천주교를 처음 접했어. 젊은 패기도 있었고 공부하기도 즐겼으니 그 당시의 새로운 사상인 천주교에 관심을 가지는 게 어쩌면 자연스러운 일이었을지도 몰라. 문제는 정약용의 정적들이, 대개 노론인데 말이야, 그 사람들이 이 점을 좌시하지 않았다는 거야. 지금이야 천주교가 제사를 허용하지만 그 당시 천주교는 제사를 거부했거든. 처음에 나라에서는 천주교를 새로운 서양 사상의 전파쯤으로 생각했는데, 제사를 거부한다는 것 때문에 적대적인 입장으로 돌아서게 돼. 그런데 정약용이 바로 그 천주교와 관련이 있다는 점, 반대편에서 이 점을 간과할 리 없지. 이후로도 그들은 이것을 계속해서 물고 늘어져."

"실제로 정약용이 천주교 신자였나요?"

"아, 그 질문에 대한 대답은 사실 쉽지가 않아. 공식적으로 배교한 바는 있지만 그것을 액면 그대로 받아들여야 하는가 하는 문제는 살짝 복잡해. 그건 나중에 다시 이야기하기로 하자. 하여튼 정약용에게 천주교는 떼려야 뗄 수 없는 문제였어. 정약용의 셋째 형 정약종은 천주교 신자일 뿐 아니라 순교자이기도 했거든."

이 이야기는 이곳에 오기 전 나도 책에서 읽었다.

"정조가 죽은 뒤에 강진으로 유배 간 것이 바로 천주교 때문인 거죠?"

"맞아. 큰형 정약현은 벼슬길에 나간 적이 없어서 화를 비껴갔지만, 둘째 형 정약전은 그것 때문에 흑산도에 귀양 가 거기서 죽었고, 셋째 형 정약종은 참수를 당했잖아. 정약용도 18년이나 강진에 유배 가 있었고. 천주교 때문에 온 집안이 풍비박산난 거지."

풍비박산. 아들 넷 중 셋이 천주교 때문에 화를 입은 셈이니 풍비박산이 맞긴 하다. 아, 정말 끔찍한 일이었구나.

"그럼 강진에 가 있던 그 시절이 정약용에게는 정말 괴로운 시간이었겠네요. 자신의 꿈도 꺾이고 집안도 몰락하고."

"그렇지. 처음에는 그런 것들 때문에 삶에 대한 의욕이 거의 없을 정도였어. 네 말마따나 집안은 몰락했고 자신의 미래는 암울했으니. 그렇지만 정약용은 거기서 주저앉지 않았어. 절망 속에서 결국은 다시 일어섰다는 것, 바로 거기에 인간 정약용의 위대한 점이 있는 거야. 그런 좌절과 고통의 시간을 방황으로만 채우지 않고, 오히려 그런 괴로움의 시간 동안 500여 권의 책을 집필하는 엄청난 업적을 이루어 냈으니까."

미영 언니가 손수건을 만지작거리며 말했다.

"정약용은 일생 동안 굉장히 폭넓은 분야를 섭렵했어. 정치학, 경제학, 음운학, 의학, 지리학, 음악……. '다산학'이라고까지 불릴 정도야."

"18년이라는 건 정말 긴 시간이지. 그 긴 시간 동안 스스로를 채찍질해 가며 그런 업적을 이루어 낸 거야, 정약용은……. 어쩌면 그 길 말고 다른 길이 없었기 때문에 더욱 학문에 매진했을 수도 있지만. 그러다가 18년 만에 겨우 해배되어 고향으로 돌아가게 된 거야."

한숨이 나올 것 같았다.

"해배 이후에는 어떻게 살았어요?"

"고향에 돌아와서도 계속 공부를 했지. 자신의 연구를 보다 정밀하게 다듬는 한편, 신작, 김매순, 이재의, 홍석주, 홍현주 같은 학자들과 활발하게 교유하면서……. 강진에서 공부하고 정리했던 자신의 성과물을 토론을 통해 검토한 셈인데 특히나 경학 논쟁은 아주 치열했어. 당색도 개의치 않았던 것 같아. 자신은 남인이었지만 신작은 소론, 홍석주 홍현주 형제나 김매순은 노론이었거든."

"해배 후에 벼슬은 안 한 것 같던데……."

정확히 몰라 자신은 없었지만 궁금하기는 했다.

"맞아. 몇 번 조정에 나아갈 기회는 있었는데 서용보라는 사람 때문에 그러진 못했어. 정약용이 젊었을 때 암행어사로 나갔다가 서용보라는 사람의 죄상을 조사해서 처벌 받게 한 일이 있었는데 그 이후로 결정적인 순간에는 항상 서용보의 반대가 있었어. 악연이라고 부를 정도였다니까."

"다시 벼슬길에 나아가지 못했으니 생활이 궁핍했을 거야. 정약용만 해배되어 오면 집안이 펼 거라고 생각했던 가족들의 기대도 있었을 텐데 말이지. 그래서 해배 이후 정약용은 생활을 안정시키는 데에도 많은 노력을 쏟아. 정약용이 인삼 농사 지었던 거 아니? 나중에는 그 인삼밭 덕분에 집안 형편이 좀 나아졌지."

정약용이 인삼 농사를 지었다고? 처음 듣는 이야기였다.

"나머지는 보통의 집안 어른들과 같지 않았을까? 집안을 다스리고 자녀들을 교육하며 때로는 유람 길에도 나서고. 아, 서연이가 춘천에서 왔댔지? 정약용은 나중에 춘천에도 갔었어."

그건 알고 있어요, 마음속으로 중얼거리는데 슬며시 웃음이 떠올랐다.

"자, 이젠 문화 해설사를 찾아보자. 그분들은 더 많은 이야기를 알고 계실 거야."

"저기 관리 사무소에 가서 물어볼까요?"

이번에는 아빠가 앞장을 섰다. 관리 사무소 안에는 전시실도 있지만 전시물 구경은 일단 미루고 문화 해설사부터 만나기로 했다.

'문화 해설사 대기실'이라는 팻말이 붙은 문을 열고 들어가니 여성 한 분이 있었다. 화사한 꽃무늬 원피스에 밀짚모자로 멋을 낸 우아한 분이었다.

"서연이가 보기에는 열수 정약용 선생 묘소가 좀 딱딱해 보였다고요?"

나직한 목소리로 그분이 말했다.

"네. 주변 축대도 그렇고 봉분도 크고, 어쩐지 인상이 그런데요?"

"그렇군요. 사람들 이야기를 들어 보면, 원래 선생님 묘가 저렇게 크지는 않았대요. 그런데 자꾸 떼를 입혀서 봉분이 점점 커졌다는 거지요."

"떼를 입혀요?"

"떼를 입히는 건 봉분 위에 잔디 흙덩이를 올리는 걸 말해요. 세월이 지나면서 떼를 자꾸 입혀서 봉분이 커졌다는 이야기가 있어요. 서연이가 말한 축대, 저 축대도 몇백 년 전 건 아니에요. 최근에, 그러니까 2006년에 새로 쌓은 거예요."

"2006년이요?"

"그래요. 새로 단장한 것들이 많답니다."

"저랑 아빠랑 여기 오기 전에 인터넷으로 검색을 했었거든요. 남양주 시청에서 정약용 선생에 대한 사이트도

운영하고 있던데요?"

"맞아요. 남양주에서 신경을 많이 쓰고 있지요. 매년 가을이면 '다산 축제'라는 행사도 연답니다. 제 생각엔 여기가 남양주니까 '열수 축제'나 '마재 축제'가 더 좋을 것 같긴 한데요, 호호호."

"아, 그렇기도 하네요."

"앞에 실학 박물관이 들어선 것도 봤지요? 여기 두 청년은 대학원생이라니까 저보다 전문적인 지식이 많을 거고, 저는 이 지역 향토 사학자들에게 들은 이야기를 좀 해드릴까요?"

"향토 사학자들이 지역 문화재는 더 잘 아시지 않나요?"

달중 오빠가 밝게 웃으며 말했다.

"그렇지요. 학문적 고증 단계가 남아 있기는 하지만요. 여기 집터 이야기도 재미있는데."

"집터라니요?"

미영 언니가 앞으로 조금 다가앉는다.

"열수 선생의 5대조 할아버지가 아들 네 명을 데리고 여기 마재에 들어와 살게 되었대요. 그 아들 중에는 서자도 한 사람 있었는데 그 서자가 살던 집이 나중에 열수 선생의 집이 되었다고 해요. 저쪽에 카페며 음식점이 좀 있는데 그중 하나가 그 집터였다고도 하고, 또 그중 어디에는 정약용 선생이 물 떠먹던 샘이 있다고도 하고 그래요. 그게 밝혀지면 집터를 내놓아야 할 테니까 다들 아니라고는 한답니다만."

"그래요? 집터를 왜 내놓아요? 유적지를 조성해야 해서 그런가요?"

나는 잘 이해가 되지 않았다.

"아, 그건……. 아이고, 제가 말이 너무 많았네요, 호호호……. 그나저나 여유당 구경은 했어요?"

문화 해설사 선생님이 잠시 동안 나를 가만히 바라보았다.

"아직요."

"그래요? 그럼 여유당부터 둘러보세요. 여유당 앞에 서면 뭔가 느낌이 다를 거예요."

"그럴까요? 그럼 여유당부터 가 볼게요. 괜찮죠, 아빠? 고맙습니다, 선생님."

살짝 무안했던 나는 서둘러 대기실을 빠져나왔다. 아빠와 두 사람은 뒤에 두고 나 혼자 앞장을 섰다.

아까 묘소에서 내려다보이던 그 목조건물이 여유당이었다. 여유당 부근에는 사람들이 꽤 있었다. 건물 앞 잔디밭에서 뛰노는 꼬마들이며, 그 옆 매점에서 음료를 사는 사람들. 그런 사람들 앞에 소박하게 건물 한 동이 서 있었다.

"생각보다 집이 작네요?"

"그렇지? 너 혹시 안동의 도산서당 가 봤니? 도산서원 안에 있는 건데. 퇴계 선생이 공부하던 유명한 곳이라 으리으리할 것 같지만 거기도 자그마하거든. 옛날 선비들은 좀 소박하고 검소하고 그랬나 봐."

미영 언니가 손수건을 꼭 쥐며 말했다.

"그런데 언니, 여유당이 무슨 뜻이에요? 정약용 선생은 왜 이 집의 이름을 '여유당'이라고 지은 거예요?"

"여유당? '당(堂)'은 집이라는 거고, '여유(與猶)'만 알면 되겠네?"

"여우나 오소리, 뭐 이런 동물들 있잖아? 그런 동물들이 조심조심 가는 모양이야. 그냥 조심조심이 아니라 겨울에 냇물을 건너는 것 같은 조심스러움, 그게 여유야."

"겨울에 냇물을 건너요?"

"원래 이 말은 《노자》에 나와. 망설이면서〔與〕 겨울에 냇물을 건너는 것처럼 주저하면서〔猶〕 사방의 이웃을 두려워한다, 이런 대목이 있거든."

달중 오빠가 조금 진지해졌다.

"겨울이니까 냇물이 얼었을지도 모르지. 그런데 그게

꽝꽝 언 얼음인지 살얼음인지 그것도 잘 모르는 상태에서 이런 동물들이 냇물을 건넌다고 생각해 봐. 얼마나 조심하고 또 조심하겠는지. 얼지 않은 냇물을 건널 때도 마찬가지야. 뼛속까지 시린 그 물에 발을 담그는 건 부득이한 때가 아니면 안할 거 아니야? 그런 극도의 조심스러움, 그게 바로 '여유'야."

"그러니까 그 정도로 조심스럽게 살겠다, 이런 뜻으로 자기 집에 '여유당'이라는 이름을 붙인 거로군요. 왜 그랬지?"

"도대체 정약용 선생이 왜 그랬을까? 왜 그렇게 조심스럽게 살려고 했을까? 아까 당파 이야기를 잠시 했었는데, 서연이, 혹시 남인, 북인, 노론, 소론 뭐 이런 건 알고 있니?"

"잘은 모르지만 정약용이 남인이었다는 거, 또 당시에는 남인의 세력이 약했다는 건 알고 있어요."

"그래."

달중 오빠가 고개를 끄덕이며 말했다.

"그 당시 남인의 영수가 체제공이라는 사람이었어. 노론 일색이던 당시 조정에서, 남인이면서도 재상까지 지낼 만큼 출중한 사람이었지. 정조의 신임도 대단했고. 그런데 그 사람이 죽었어. 이를테면 남인의 전선이 붕괴된 거야. 자, 그러니 남은 남인들은 어떻게 해야겠어? 조심하고 또 조심해야겠지. 정약용도 그런 마음이었을 거야. 조심하며 살아야겠구나, 아주 몸을 낮춰야겠구나, 이런."

"그래서 마재로 돌아와 여유당에 들어앉은 거군요. 조심조심 살겠다고."

정약용의 마음을 알 것도 같았다.

"그런데 그런 마음으로 살던 중에 더 큰일이 생겨. 자신을 총애하던 정조가 갑자기 승하하게 된 거지. 정조의 죽음은 정약용에게는 정말 하늘이 무너지는 것 같은 엄청난 일이었을 거야."

"그런 일들이 연달아 일어났어요?"

"응. 체제공이 죽은 바로 다음해에 정조가 승하했지. 일 년 사이에 이런 일들이 연달아 터진 거야."

"기록에 의하면 6월 12일에 정조가 규장각의 서리를 시켜 정약용에게 편지를 보내. 《한서선》이라는 책을 열 부 보내면서 이 책의 주를 정리해서 29일 경에 궁으로 들어오라고. 아마 정약용이 보고 싶었던 모양이야."

이해할 수 있을 것 같다. 일거리를 맡겨 놓고 그것을 핑계로라도 정약용이 보고 싶었던 것이다, 정조는.

"그래서 정약용은 그 일을 열심히 했겠지? 29일에 입궁해서 정조에게 보여 주려고 밤낮을 가리지 않고 열심히 했을 거야. 정약용도 얼마나 정조가 그리웠겠어? 그런데 28일에 정조가 갑작스레 세상을 떠나고 말아. 만나기로 한 날 하루 전에 말이야. 그러니 정약용으로서는 애통하기도 하고 황망하기도 하고, 아마 패닉 상태에 빠지지 않았을까 싶어."

"당장은 자신을 총애하던 주군이 죽었다는 사실에 애통해했겠지만, 정조의 죽음은 무엇보다도 정약용 자신의 바람막이가 사라졌다는 걸 의미하지. 자신의 뜻을 펼칠 수 있게 믿어 주고 격려해 준 사람이 떠난 것은 물론이고, 현실적으로는 이제 반대파의 공격을 온몸으로 혼자 다 받아 내야 한다는 걸 의미하기도 해."

조그마한 짐승이 춥디추운 겨울날 살얼음 낀 냇물을 건너는 위태위태한 상황. 내가 내딛는 이 한 걸음 때문에 내 발 아래 얼음이 깨지고 결국은 그 얼음물에 휩쓸려 죽게 될지도 모르는 위태로운 상황. 정약용이 인식한 그 위태로운 상황이 구체적으로 어떤 상황이었을까? 내가 더 이상 아홉 살이 아닌 것처럼 정약용도 아홉 살은 진작에 지나 버린 사람이지만, 그래도 그의 삶이 궁금해서 아빠와 나는 두 번째 답사를 약속하지 않을 수 없었다. 무엇보다 그 '배'에 관한 단서를 찾고 싶었으므로.

남양주에 간 건 잘한 일이다. 최근 들어 녀석이 그렇게 명랑한 걸 본 적이 없다. 정말 평소의 내 딸인가 싶게 이것저것 말도 잘했다. 좋은 사람들을 만나 기분이 좋아진 것도 같고, 배에 쓰여진 '열수'라는 글자를 들은 것에 고무된 것도 같다. 혹시 요즘 들어 다시 치기 시작한 모차르트 곡들이 밝고 유쾌하기 때문인 건가? 뭐, 이유가 무엇이든! 녀석의 재잘대는 소리에 오늘 나는 정말 즐거웠다. 이 밤, 녀석의 웃음소리가 온 집 안에 가득 찬 것만 같다.

미영 언니네와 헤어져 아빠와 둘이 오른 운길산 수종사. 정약용이 청년일 때도 소풍처럼 가고 할아버지일 때도 산책 삼아 갔다는 달중이 오빠 말을 믿었다가 엄청나게 고생할 뻔했다. 차를 타고 올라갔기에 망정이지, 하마터면 가벼운 등산도 아니고 '등반'을 할 뻔했다. 수종사 가는 길은 생각보다 경사가 급하고 길이 좁아서 아빠는 운전하기 힘들어하셨다. 주차할 곳도 적당하지 않아서 나무 사이에 어렵사리 차를 세웠다. 더 이상 차가 올라갈 수 없는 데까지 갔는데도 차에서 내려 20분은 더 걸은 것 같다, 경사가 심한 가파른 산길을. 도대체 그런 깊은 산의 절을 정약용은 그 옛날에 어떻게 다녔을까?

달중이 오빠는 정약용이 일곱 살 때 운길산에 올라 지은 시가 있다고 했고, 스물한 살 때 진사과에 합격하고 그 자축연을 수종사에서 했다 했고, 노년에도 손님들이 찾아오면 함께 수종사에 가 차를 마신 기록이 있다 했다. 남아 있는 기록만 봐도 정약용에게는 수종사가 특별한 곳이었나 보다.

정약용은 그 높은 절에 가서 무엇을 보았을까? 이끼가 핀 석탑? 강을 굽어보는 은행나무? 한강이 합쳐지는 두물머리 강줄기? 왜 정약용은 수종사를 자주 찾았을까?

어쩌면 수종사에 올랐던 일곱 살의 그날이 정약용에게는 소중한 추억을 만들어 준 날일지도 몰라. 그래서 그 이후로 늘 특별했던 곳이 되었던 건 아닐까? 유배 시절에도 정약용은 그곳을 그리워했을지 모른다. 몸은 강진에 있으면서도 마음은 고향 마재를 향했을 거고, 그런 그리움 한 켠에 수종사가, 수종사에서 내려다보이던 한강이 있었을지 모른다. 누구에게나 그런 장소 하나쯤은 있기 마련이니까. 내게 춘천의 중도가 그렇듯. 꼬마 서연이가 엄마와 같이 자전거를 타며 소리 지르고 깔깔대던 중도의 그 길이 그렇듯.

수종사에서 내려다본 세상의 풍경은 정말 근사했다. 저 멀리 남한강과 북한강이 만나 하나가 되는 모습은 감동적이기까지 했다. 정약용은 어디서고 그렇게 한강을 내려다보고 싶었던 걸까? 세조가 심었다고 전해지는 우람한 은행나무의 가지 사이로 두물머리가 내려다보이는 그 풍경은 오래도록 내 마음에 남을 것 같다. 사람들이 그를 열수 정약용으로 부르고 싶어 하는 이유를 알 것도 같다.

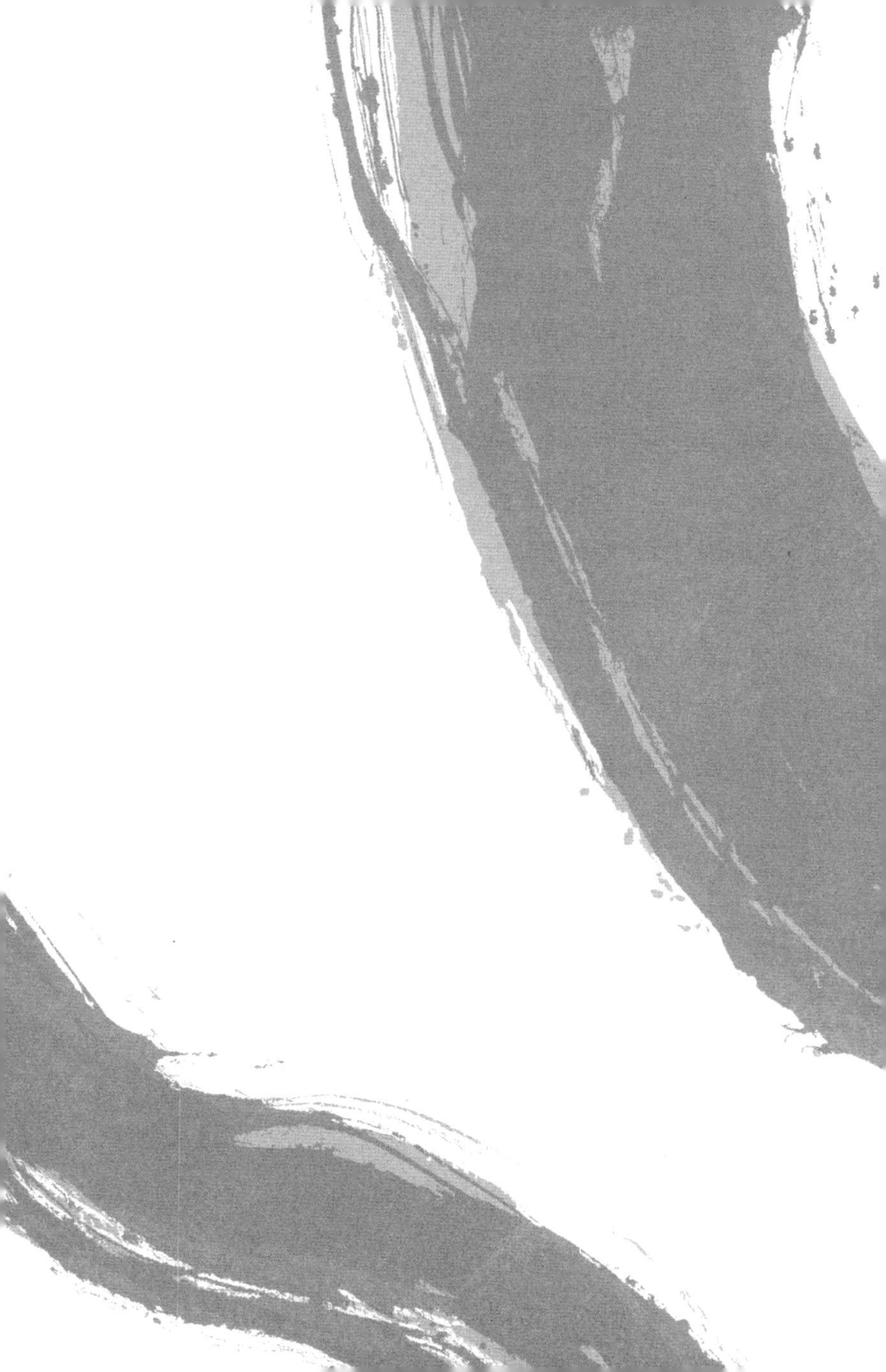

2

생각한 대로,
그대
생각한 대로

그날은 그냥 그런 목요일이었다. 친구들은 시험이 끝났다고 다들 시내로 몰려가는데, 나는 곧장 집으로 돌아왔다. 이틀 전 레슨에서 중간고사 준비하느라 피아노 연습을 소홀히 한 것에 대해 선생님께 야단을 들은 터라, 다음 레슨까지는 연습을 더 해야겠다고 생각했기 때문이다. 피아노를 전공할 사람은 수능이 끝난 그날에도 실기 연습을 소홀히 하면 안 된다는 선생님의 말씀이 마음에 남아 있었다.

시험이 끝난 홀가분함은 기분 좋았다. 낮 시간에 집에 있는 건 묘한 여유로움이 느껴지는 일이었다. 나는 라디오를 켜고 라면을 끓였다. 클래식 FM에선 김영동의

〈산행〉이 끝나가고 있었다.

"주교라는 것은 배다리입니다. 배를 엇갈리게 설치한 후에 막대기로 고정을 시키고, 그 위에 소나무판을 깔았지요. 거기에 황토를 뿌리는가 하면 잔디를 깔기도 해 임금님이 다닐 때에는 정말 길 같은 느낌을 주었어요. 배다리의 폭은 7미터가 넘었고, 거기에는 홍살문도 설치했습니다."

음악 프로 진행자의 설명이었다. 배다리라면 정약용의 공적이 아닌가. 아버지를 그리워한 정조가 한강을 건너 능행을 할 때 정약용이 고안한 배다리 덕분에 그 행차가 한결 쉬워졌다는 내용을 읽은 기억이 났다.

"1795년 혜경궁 홍씨의 회갑연이 있던 그해에도 임금이 화성에 행차하기 위해 배다리를 이용했는데요, 이때 배다리는 노량진 쪽에 놓았다고 합니다. 배다리를 만들기 위해서는 배를 동원해야 했는데, 배다리를 설치하는 데 필요한 배를 조달하기 위해 경강상인의 배를 활용했다고 하지요. 상인에게 이권을 주는 대신, 임금의 행차를 위한 배다리에 배를 빌려 주게 한 것입니다."

한강에 다리가 없던 그 시절, 강을 건너는 것이 쉬운 일은 아니었겠지. 배를 이용해서 강을 건넌다 해도 일단은 날씨가 좋아야 했을 거고, 맑고 쾌청한 날이라 해도 배를 타는 것은 길로 가는 것보다는 확실히 번거로운 일이었을 거다. 게다가 왕의 행차라니. 임금이 여행길에 오르게 되면 임금을 보좌하는 일행은 또 얼마나 많았을까. 그 많은 사람들이 한번에 탈 만한 배가 있기나 했을지. 뒤주에 갇혀 비극적 죽음을 맞이한 자신의 아버지를 생각하면 정조의 빈번한 능행은 가슴 저린 효도일 테지만, 임금 행차에 따르는 여러 가지 비용과 인원을 감안하면 주변 사람들에게는 괴로운 일이 아니었을까?

그런데 정약용이 그 괴로움을 조금은 줄여 준 것이다. 나루에 줄을 서서 차례로 배를 타는 고단한 일정 대신, 황토를 뿌리고 잔디도 깔아 놓은 배다리를 걸어 강을 건너게 된 것이다. 그런 거 보면 정약용은 아이디어가 번뜩이는 사람이었나 보다. 정약용 덕분에 한결 편안한 마음으로 사도세자의 묘를 참배하러 가곤 했던 정조는 마침내 그곳에 화성이라는 새로운 도시를 건설하기에 이르렀으니, 생각해 보면 정약용의 공적은 배다리 건설 그것에만 그치는 것은 아닌 것도 같다.

수원 화성에 대한 이야기는 보통 수원 화성이 세계문화유산에 등재되었다는 이야기와 함께 시작된다. 물론 내게는 정약용과 함께지만. 시험도 끝났고, 마침 아빠도 시간을 낼 수 있어 우리는 주말을 이용해 수원 화성을 찾왔다. 우리의 두 번째 답사인 것이다.

나에게 수원은 지하철 1호선의 한 역일 뿐이었다. 내가 사는 춘천과는 정반대에 있는 도시. 사실 수원이라는 도시에 대해서는 생각해 본 적이 별로 없고 도시 이미지도 평범할 뿐이었다.

정약용과 관련해 '화성'이라는 지명이 등장하길래 처음 내가 눈여겨본 곳은 경기도 화성이었다. 그런데 미영 언니가 보내 준 문자에는 '수원 화성'이라는 것이다. 그래서 다시 알아보니 정약용이 정조의 축성을 도운 성은 경기도 화성이 아닌 '수원 화성'이었다. 수원의 화성이라니…….

수원의 도시 풍경은 꽤나 놀라웠다. 곳곳에 보이는 성곽들, 그 성곽이 이어지다가 툭 끊기는 순간 등장하는 팔달문이며 화서문, 장안문 같은 오래된 성문들. 수원에도 이런 훌륭한 왕궁이 있는 줄 미처 몰랐다. 게다가 이런 유적들이 이렇게나 잘 관리되고 있다니. 성곽을 따라 사람들이 산책을 하기도 하고 앉아 쉬기도 한다. 출입금지 팻말 대신 곳곳에는 나무 의자가 놓여 있다. 이런 수원 화성의 흔적들은 화성이 박물관 속 유적이 아니라 수원 시민과 함께 나이를 먹으며 시간을 보내는 지금 이 순간의 문화라는 점을 보여 주고 있었다. 그 점이 정말 인상적이었다.

그런데 저건 뭐지? 청룡열차처럼 생겼는데 철길 위를 운행하는 것은 아니고, 그렇다고 자동차는 아니면서 마치 전차 같기도 한. 열차를 탄 사람들은 여유롭게 앉아 주변을 구경하고 길 위의 사람들은 그 열차가 오면 자연스럽게 옆으로 비켜서는 걸 보니 이 열차가 수원 사람들에겐 낯설지 않나 보다. 열차를 뒤따라 조금 달려 보았지만 이내 길이 갈라져 더 이상 열차를 따라갈 수 없었다. 아쉬워라.

주차장에 차를 세우고 서장대 쪽으로 올라갔다. 긴 시간의 운전으로 피곤할 법도 한데 아빠는 기분이 좋아 보였다.

미영 언니가 문자로 알려 준 두 가지 숙제는 '서장대 올라 보기'와 '화성 행궁 돌아보기'였다. 오른쪽으로는 계단처럼 생긴 다소 경사가 급해 보이는 직선 길이, 왼쪽으로는 경사가 완만하지만 시간이 좀 더 걸릴 곡선 길이 있었다. 별 생각 없이 직선 길을 선택한 아빠와 나는 가쁜 숨을 몰아쉬면서야 겨우 계단을 다 올랐다. 그런데 거기

가 서장대는 아니었다. 서장대는 거기서 다시 올라온 만큼 더 걸어 올라가야 했다. 서장대에서 수원 시내가 내려다보인다더니, 정말 서장대는 좀 더 높은 곳에 있는 것 같았다. 서장대에 오르려다 문득 고개를 오른편으로 돌렸는데 아, 거기에 아까의 그 열차가 있었다. 반가운 마음에 안내판을 살펴보니 그것은 화성열차였다. 수원 화성의 여러 성문들을 돌아보는 일종의 관광 열차. 아빠와 나는 먼저 화성열차를 타기로 했다.

바람은 상쾌했고 풍경은 독특했다. 용머리로 장식한 가마처럼 생긴 열차에 앉아 운전자의 설명을 들으며 화서문, 장안문, 화홍문을 지나 연무대에 이르는 길은 수원 화성의 독특한 경관 때문에 오히려 짧게 느껴졌다. 화성열차는 기차가 아니었고 기찻길로 다니지도 않았다. 출입을 제한한 곳에서는 화성열차만 다녔지만 시내 구간에서는 찻길을 이용했다. 오토바이나 자전거는 화성열차에 길을 내주었고 사람들도 열차가 오면 옆으로 비켜섰다. 화성열차는 빠른 속도로 혼자 달아나는 대신 사람들의 곁을 조금 잰걸음으로 산책하듯 그렇게 지나고 있었다. 사람들의 삶과 유리된 유적이 아니라 이곳 사람들 삶 속의 한 풍경이라는 점이 다시금 느껴졌다.

화성에 와 보기 전에는 정약용이 거중기를 만들어

화성 축조 비용을 절감했다는 정도만 알고 있었다. 그런데 직접 본 화성은 그 자체로 하나의 웅장한 도시였다. 위엄과 품격을 갖춘 왕도였다. 기품 있는 시가지였다. 이렇게 새로운 도시 하나를 건설하는 일이 분명 쉬운 일은 아니었을 것이다. 계획 단계부터 대신들의 반대가 있었을 테고, 실제로 공사를 진행하면서는 비용 문제도 만만치 않았을 것이다. 그럼에도 화성 건설을 밀어붙인 정조, 그리고 왕의 거대한 꿈을 지지하고 그 꿈의 성취를 위해 정조를 도운 정약용. 나로서는 상상도 할 수 없는 스케일이었다.

"서장대는 일종의 지휘소예요. 화성에 주둔했던 장용외영 군사들을 지휘하던 곳을 장대라 하는데 이곳은 서쪽에 있어 서장대입니다. 화성열차를 타 보신 분들은 아까 연무대에서 내렸을 텐데, 그쪽에 있는 게 동장대예요. 실제로 정조대왕이 이곳에서 군사들의 주야간 훈련을 지휘하기도 했죠."

백발이 성성한 할아버지가 설명을 하고 있었다. 문화해설사인 모양이었다. 그 할아버지 주변으로는 열댓 명쯤 되는 사람들이 둘러서서 설명을 듣고 있었다. 우리도 그쪽으로 다가섰다.

"장용외영이 뭡니까?"

사람들 중 누군가가 물었다.

“장용영은 왕권을 강화하기 위해 설치한 군영이었어요. 임금을 호위하던 친위병이었죠. 내영은 한양에서, 외영은 수원 유수부에서 임금을 호위했는데 여기 화성에 주둔한 장용외영 군사들을 정조대왕이 이곳 장대에서 지휘한 거죠.”

그러더니 할아버지가 손가락으로 서장대 쪽을 가리킨다.

“저기 ‘화성장대’라는 편액 보이죠? 저 글씨가 바로 정조의 글씨예요. 뭔가 힘찬 느낌이 들지 않나요? 처음부터 저 편액은 아니었지만, 몇 번의 화재 끝에 지금은 저기에 정조의 글씨가 걸려 있게 된 거예요.”

몇 사람이 감탄하며 고개를 끄덕거렸다.

“이제 저쪽에서 수원 시내를 보면서 설명할게요.”

모여 있는 사람들이 다들 옆으로 자리를 옮겼다. 아빠와 나도 그 사람들을 따라 수원 시내가 내려다보이는 나무 말뚝 옆으로 갔다.

“정조가 화성을 건설하게 된 것은 사도세자와 관련이 있어요. 아시다시피 사도세자는 뒤주에 갇혀 목숨을 잃게 되지요. 사도세자가 뒤주 속에 몇 시간이나 있었을 것 같아요?”

문화 해설사 할아버지가 사람들을 둘러보며 물었다.

"열두 시간?"

"스물네 시간?"

여기저기서 사람들이 대답했다.

"사도세자는 뒤주 속에 무려 8일이나 있었어요."

"8일이요?"

8일이라는 말에 사람들이 술렁거렸다. 내게도 갑자기 폐소공포증이 생기는 것 같았다.

"예, 8일이요. 사도세자는 무려 8일에 걸쳐 서서히 죽어간 거죠. 이건 정말 끔찍한 일이에요. 더운 날씨에 그 좁은 뒤주에 갇혀서 8일이나 지냈다는 건……."

"아이고, 세상에……."

사람들이 탄식하는 소리가 들려왔다.

"처음에는 신음과 울부짖음이 계속되었을 거고, 시간이 지날수록 그 소리가 잦아들다가, 어느 순간 아무런 소리도 나지 않게 되는 그런 일이 8일에 걸쳐 진행되었던 거예요. 당시 열한 살이던 정조에게 그 8일이 얼마나 끔찍했겠어요? 지옥 같았을 거예요. 정조 마음에 복수라든가 분노라든가 하는 마음이 안 생겼을 리가 없지요."

여기저기서 혀를 차는 소리가 들려왔다.

"사도세자가 역적으로 몰려 죽었기 때문에 정조가

왕위에 오르는 것도 쉽지는 않았어요. 왕위에 오르는 게 뭐예요, 늘 감시와 견제 속에 살아야 했고, 언제든 죽임을 당할 수 있는 상황이었지요. 정조의 어머니 혜경궁 홍씨는 정조의 안위를 걱정해 정조와 3년이나 생이별을 했어요. 남편이 역적으로 몰려 죽었으니 자신과 아들이 함께 있다가는 다시 역모를 꾸민다는 음해에 빠질지도 모른다, 이렇게 판단한 거지요. 그래서 정조를 영조에게 보내고 자신은 궁 밖으로 떠나지요. 겨우 열한 살짜리 아들과 어쩔 수 없이 헤어진 거예요. 아들을 놓고 돌아 나오는데, 발길이 떨어졌을까요? 피눈물이 났을 거예요, 정말로. 그러고 보면 혜경궁 홍씨의 삶도 보통 굴곡 많은 삶이 아니지요."

"그러네요. 남편은 그렇게 비극적으로 죽고, 아들과도 헤어져 살고."

할아버지 옆에 계시던 아주머니가 말했다. 기가 찬다는 목소리였다.

"나중에도 아들 정조가 먼저 죽잖아요."

"그래도 즉위는 했네요, 정조가?"

사람들이 혀를 차며 한마디씩 던졌다.

"정조의 왕위 계승을 의식해서 '역적의 아들은 군왕이 될 수 없다'는 말이 퍼지기도 했지요, 반대 세력의 획

책이었지만요. 그럼에도 영조의 결단으로 정조는 대리청정을 하게 되고, 대리청정 두 달 만에 영조가 죽자 정조는 극적으로 왕위에 오르지요. 요새로 치면 취임식 같은 것을 하게 되는데 그 일성이 뭔지 아세요? '나는 사도세자의 아들이다.' 바로 이 말이었어요. 즉위식에서 첫 윤음으로 이 말을 들었을 때, 사도세자를 죽음으로 몰았던 사람들은 얼마나 등골이 서늘했을까요?"

"아이고, 취임 후 첫마디가 그런 내용이었다니……. 정조가 생각보다 무서운 사람이네요."

내 옆에 선 등산복 차림의 아저씨가 말했다.

"자, 이제 왕이 된 정조는 어떤 생각을 할까요? 역적으로 몰려 죽은 사도세자, 그 사도세자의 아들임을 천명한 정조로서는 아버지의 명예를 회복하는 것이 자신의 정통성을 확립하는 길이라고 판단하지 않았을까요?"

할아버지가 등산복 아저씨를 바라보며 말했다.

"그렇네요. 역적의 아들이어서는 안 될 테니까……."

아저씨도 대답했다.

"그러나 정조는 서두르지 않았어요. 영조가 대리청정을 하라고 했을 때, 정조가 뭐라고 한 줄 아세요? 대리청정에 응하기 전에 경기도 양주군에 있던 사도세자의 묘소인 수은묘를 참배하게 해 달라고 했거든요. 그런데 보위에 오른 뒤에는 13년이 흐르도록 속내를 드러내지 않았지요. 왕위에 오른 그해 수은묘를 영우원으로 이름을 바꾸기는 했지만 묘소를 이전하고 싶다든가 하는 말은 전혀 내비치지 않았죠. 물론 사도세자의 죽음과 관련된 일은 일절 말하지 말라는 영조의 유지가 있기도 했고요. 그러다가 재위 13년이 되는 날, 현재의 영우원은 자리가 좋지 않으니 다른 곳으로 이전해야 한다는 박명원의 상소를 어전회의에서 낭독하게 하지요. 영우원 이전을 자신이 명하는 것이 아니라 상소를 통해 신하가 주청하게 한 거예요."

"13년이나요? 왜 그렇게 오랫동안?"

이번에는 저쪽에 서 계시던 모자 쓴 아저씨다.

"왜 13년이나 가만히 있다가 갑자기 그랬을까요? 그 해가 묘소를 이전하기에 아주 길한 해였다네요. 어쨌거나 박명원이 상소를 낭독한 그 자리에서 정조는 매우 심하게 흐느꼈고, 그래서 단 한 명의 신료도 묘소 이전을 반대하지 않았답니다."

"아, 당연하지. 아버지 생각으로 아들이 흐느끼는데 그걸 누가 뭐라고 할 수 있어요?"

아까 그 아주머니가 한마디 거들었다.

"사전에 정조가 얼마나 치밀하게 준비했던지, 상소가 있은 지 겨우 4일 만에 언제 어느 곳으로 옮길지 등의 조사가 다 끝나 수원부 읍치를 팔달산 아래로 옮기고 영우원도 그리로 이전하라고 명하게 되지요. 이름도 현륭원으로 고치게 하고요."

"거기가 길지였나 보네요."

누군가 말했다.

"예. 풍수지리에도 밝았던 정조가 오래 전부터 수원을 점찍어 뒀던 거지요. 아주 길한 땅으로 본 거예요. 아까 화성 건설이 사도세자와 관련이 있다고 했지요? 영우원을 수원으로 옮기면서 현륭원으로 이름을 바꿨고 그것을 계기로 화성에 이를테면 신도시가 건설되게 됩니다. 면적만 해도 약 40만 평이나 되는 새로운 도시가 생겨나게 된 거지요. 저 아래, 행궁을 좀 볼까요?"

문화 해설사의 손끝을 따라가니 직사각형 여러 개가 이어져 있는 궁궐이 보인다. 높은 곳에서 내려다보니 궁궐의 전체 모습이 한눈에 들어왔다.

"저곳을 화성행궁이라 부릅니다. 행궁은 원래 정식 궁궐이 아니에요. 국왕의 임시 거처지요. 사도세자의 묘소를 수원으로 이전한 후 정조가 현륭원을 참배하러 올 때마다 머물던 궁, 그곳이 바로 화성행궁이에요. 재위 13년, 즉 1789년부터 짓기 시작해서 화성성역이 끝난 1796년 무렵에 완공된 건물인데 모두 576칸이나 되죠. 정조는 나중에 왕위를 이양하고 이곳에 와 지낼 생각을 했어요. 결국엔 못 이룬 꿈이 되었지만요."

"말씀을 들어보니 화성 건설은 어마어마한 국가적 사업이었군요."

우리 아빠도 한마디 했다.

"맞습니다. 정조는 이 화성을 통해 새로운 국가를 건설하려 했어요. 새로운 상인들과 백성들로 이 도시를 채우려 했지요. 자급자족의 도시 화성을 통해 새로운 시대를 열어 가려는 꿈을 꾼 거예요. 이 국가적 사업인 화성 건설, 그 설계는 정약용이 맡았습니다. 부친상을 당해 거상 중이던 정약용에게 정조가 프로젝트를 맡긴 거죠. 예전에는 부모가 돌아가시면 3년은 상중이나 마찬가지로 지냈던 거, 아시죠? 삼년상을 치른다고 하잖아요. 거상 중에는 경서나 예서를 읽는 것이 일반적이었는데 정조는 정약용에게 유성룡의 《성설》이라는 책과 윤경의 《보약》이라는 책을 보내면서 '수원 화성 쌓는 규제를 지어 올려라' 이렇게 명했어요."

"정약용을 무지하게 신뢰하셨구먼."

저쪽에서 누군가 말했다.

"그렇죠. 정약용이 그 책들을 참고해서 규제를 지어 올리자, 이번에는 《기기도설》 같은 일종의 공학 책을 보냅니다. 그런 책들을 검토해서 만들어진 게 바로 거중기예요. 성을 지을 때는 돌이라든가 나무라든가 하는 자재의 운반이 큰 문제가 되잖아요? 정약용이 만든 거중기 덕분에 적은 노력으로도 무거운 자재들을 잘 운반할 수 있었고, 그러니 백성들을 노역에 덜 동원해도 되어서 결과적으로 축성 비용을 절감할 수 있었지요."

"그럼 성을 건축하는 과정도 정약용이 모두 감독했나요?"

누군가 물었다. 나도 궁금하던 터였다.

"그건 아닙니다. 정약용이 상중이었다고 했지요? 거상 중에 규제를 짓기는 했지만 남은 거상 기간 동안 나랏일에 나올 수는 없었어요. 상을 다 마치고 다시 벼슬길에 들어서서는 암행어사로 나갔답니다."

"정약용이 암행어사요? 암행어사 하면 박문수인데."

등산복 아저씨였다.

"하하하하하……."

사람들 사이에서 조용한 웃음이 번졌다.

"자, 이번엔 서울대 농대가 처음에 수원에 있던 이유, 농업진흥청이 수원에 있던 이유가 화성 건설과 관련이 있다는 것을 좀 설명해 드리죠."

정약용 이야기가 더 이상 나올 것 같지 않아 아빠와

나는 문화 해설사에게 목례를 한 후 무리에서 빠져나왔다. 서장대의 편액을 올려다보았다. 설명을 듣고 다시 바라본 정조의 글씨 '서장대'는 힘차 보였다.

서장대를 내려와 들른 화성행궁. 화성행궁의 구석구석에도 정조의 꿈이 느껴졌다. 돌 하나, 기와 한 장에도 정조의 꿈이 서려 있는 것만 같았다. 하지만 정조의 못 이룬 꿈을 생각하니 마음이 아려왔다. 미영 언니의 두 번째 과제 '화성행궁 돌아보기'는 그래서 발걸음마다 아쉽고 안타까운 마음이 가득한 채 끝나 버렸다.

다시 만난 미영 언니는 전보다 더 편안하게 느껴졌다. 춘천으로 돌아가려던 참에 받은 뜻밖의 전화, 우리를 만나러 수원까지 와 준 미영 언니와 달중 오빠. 늘 언니가 있었으면 했는데 다정한 언니에 유쾌한 오빠까지 생긴 기분이다.

"그래서 화성행궁은 자세히 안 봤어?"

"아니, 자세히 보기는 했어요. 스탬프 찍은 거 보여 줄까요?"

아까 봉수당에서 찍은 도장을 언니에게 내밀었다. 도장 오른쪽에는 한자로 '봉수당'이라고 적혀 있고, 아랫부분에는 '을묘원행시 혜경궁 홍씨의 회갑연진찬례를 했던 곳'이라고 씌어 있었다.

"일찍 남편을 잃고 아들마저 조마조마한 마음으로 키웠던 혜경궁 홍씨가 위엄 있는 군왕으로 자란 아들에게서 회갑연을 대접 받았다는 거지. 어떤 사람들은 혜경궁 홍씨의 회갑연을 조선시대 최대의 축제라고 하더라고. 요즘도 그렇지만, 부모가 회갑 잔치 때까지 오래 사시는 것도 큰 복이잖아. 회갑연을 치르면서 정조가 그랬지, 칠순 때에도 이곳에서 잔치를 열겠노라고. 물론 그 약속을 지키지는 못했지만. 자기가 어머니보다 먼저 죽게 될 줄 어떻게 알았겠어?"

미영 언니가 말했다.

"그런데 정작 정약용은 화성 건축에 참여하지 않았다면서요? 암행어사로 나갔다고 하던데."

"어, 어떻게 알았어? 서연이 너, 이번에도 책 읽고 온 거야?"

의외라는 듯이 얼굴에 웃음을 띠고 달중 오빠가 물었다.

"아니, 문화 해설사 할아버지가……. 이번엔 읽을 만한 책이 없어서……. 너무 어렵고……. 피아노 연습도 해야 하고……."

달중 오빠의 동그란 눈을 쳐다보기 미안했지만 나는 사실대로 말했다.

"그랬구나? 맞아, 정약용이 암행에 나선 적이 있지. 정조가 정약용을 총애한 건 알고 있지? 그래서 중요한 일들을 많이 맡겼어. 화성 축조라는 큰 사업 계획을 정약용에게 의뢰할 정도니까. 이때부터 정약용은 한동안 승승장구하게 돼. 물론 저쪽의 견제가 심하긴 했지만. 정조가 얼마나 정약용을 신임했으면 상중인 사람에게 일을 맡겼겠니? 이 사람 말고는 이 일을 할 사람이 없다, 이런 거잖아."

책을 안 읽고 온 게 무슨 문제냐는 듯 미영 언니가 담담하게 말했다.

"암행어사도 그렇지. 원래 암행어사라는 게 수령의 잘잘못을 조사하거나 민간인의 고통을 헤아리거나 뭐 그런 일들을 하잖아. 아무에게나 안 맡기지."

"그러고 보면 암행어사 시절, 곡산 부사 시절, 형조참의 시절 등이 정약용에게는 득의기(得意期)였던 거지."

"득의기요?"

미영 언니 말이 맞다는 듯 달중 오빠가 한마디 덧붙였는데 그게 하필 내가 모르는 말이다.

"응, 자신이 마음먹은 대로 뜻을 펼칠 수 있었던 시기지. 노래도 있잖아, 생각한 대로, 마음먹은 대로, 할 수 있다는 걸……."

달중 오빠의 너스레에 모두들 웃음을 터뜨렸다.

"저도 그 노래 좋아해요. 이적이 만들고 유재석이랑 같이 불렀죠? 이적은 피아노를 잘 치는 사람이어서 그런지 음악이 굉장히 서정적인 느낌이에요. 가사는 말할 것도 없죠. 선율도 분명하고. 물론 〈압구정 날라리〉는 좀 다르지만요."

"맞다, 서연이가 예비 음대생이라는 걸 깜빡했네. 요즘 연습은 잘 되니?"

입가에 미소를 띠고 달중 오빠가 말했다.

"뭐, 그런대로요. 그런데 정약용은 아주 똑똑한 사람이니까 암행어사로 가서도 일을 잘했겠네요?"

"학구적이기까지 한 예비 음대생이네. 네 말이 맞아. 일을 아주 똑 부러지게 잘했지."

"우리 어릴 땐 〈암행어사 박문수〉라는 만화영화가 인기였는데."

흐뭇한 표정으로 이야기를 듣고만 있던 아빠가 한마디 했다.

"아빠 때도 만화영화를 봤어요?"

"그럼, 봤지. 〈독수리 오형제〉나 〈마루치 아라치〉, 〈암행어사 박문수〉 같은 영화는 굉장히 인기였어. 그런데 정약용도 그런 암행을 나갔다는 거로군요? 암행어사는 최측근만 임명하는 거라고 알고 있는데."

"아버님 말씀이 맞습니다. 말씀하신 박문수는 워낙 암행어사로 유명했던 인물이고요, 정약용이 태어나기 6년 전에 죽어서 정약용과 시기가 겹치지는 않아요."

머리를 쓸어 넘기며 달중 오빠가 말했다.

"정약용이 서른세 살이던 1794년, 그해는 흉년이었어요. 흉년이니 백성들 살림살이는 당장에 어려워졌을 거고요, 혹시라도 관의 수탈이 그 어려움을 가중시키지는 않을까 염려했던 정조는 그해 가을에 암행어사 열 명을 파견하는데 그중 한 사람이 정약용이었어요. 정약용은 양주로 들어가서 경기 북부의 적성, 마전, 연천, 삭녕을 돌아보고 파주로 나오라는 명을 받았어요."

이번엔 미영 언니다.

"적성과 연천은 알겠는데 다른 곳은 처음 듣는군요."

아빠한테도 낯선 지명인가 보다.

"연천은 지금도 연천이고, 적성은 지금의 파주예요. 원래는 옆 고을이었는데 1945년 파주에 병합되었어요. 마전과 삭녕은 북한 땅이고요."

달중 오빠가 대답했다.

"그래서 오빠, 정약용이 탐관오리들을 적발해 냈나요?"

"아니. 꼭 잘못한 것만 밝힌 건 아니야. 연천 수령의 경우엔 과오가 없다는 것을 확인하는 정도였고, 적성 수령 이세윤은 오히려 목민을 잘한 수령으로 보고했는걸. 마전의 남이범은 더 칭찬했지. 이렇게 유능한 사람이 작은 고을에서 일하는 것이 안타깝다고 기록할 정도였어."

"탐관오리를 찾아내서 벌주는 게 다가 아니었네요? 잘한 사람은 칭찬도 하고. 뜻밖이에요. 혹시 정약용이 점잖은 사람이어서 조용히 잘못을 덮은 건 아니겠죠?"

"얘는……. 점잖아도 공무를 띠고 간 거니까 일은 공명정대하게 처리했지. 정약용은 오히려 살짝 까칠한 캐릭터인걸? 술도 잘 못 마시지, 일은 무사 공평하게 원칙대로 하지, 그러니 사방에 적이 더 많았을 수도 있어."

미영 언니가 웃음을 머금어 납작해진 눈으로 말했다.

"원칙대로 처신하는데 적이 더 많을 수 있어요?"

"그러게 말이야. 세상살이가 좀 우습지? 서용보 일만 해도 그래."

"서용보요? 아, 저번에 악연이라고 말했던 그 서용보요?"

남양주에서 만난 날이 생각났다. 그날 서용보라는 이름을 들었지.

"마재에서 그런 이야기도 했나? 맞아, 그 서용보야. 서용보와 얽히게 된 게 바로 암행어사 시절이지. 정약용은 암행어사 시절에 아까 말한 것처럼 수령들을 칭찬하기도 했지만, 강명길이나 김양직처럼 죄상이 있는 경우에는 그 과오를 파헤쳐 처벌을 내리라고 임금에게 직언을 하기도 했어. 서용보에 대해서도 그렇고."

미영언니가 웃음기를 거두고 진지하게 말했다.

"어떤 잘못을 저질렀는데요?"

"김양직과 강명길 모두 한때 임금의 측근이었어. 한 사람은 왕실의 묘를 어디에 쓸지 그 자리를 봐 주는 지관 출신이고, 한 사람은 궁중의 어의 출신이지. 이들은 그간의 공을 인정받아 지방 관리로 나갔는데, 거기서 백성들을 수탈한 거야. 환곡을 횡령하기도 하고, 종을 풀어 주고 돈을 요구하기도 하고. 세금을 과중하게 물리고 뇌물을 받았을 뿐 아니라 얼마나 백성들을 쥐어짰던지 퇴임하고 본가로 돌아갈 때 짐을 실어 나르는 수레가 길게 줄을 설 정도였대. 암행어사로서 정약용은 그런 전직 수령들의 탐학을 고발하고 처벌을 요구했던 거야."

"전직 수령의 잘못도 밝혀내는군요?"

퇴임한다고 끝이 아니었나 보다.

"그런데 이들이 임금의 측근이다 보니 궐 안에 비호 세력들이 있었겠지? 그런 세력들 때문에 처벌이 제때 내려지지 않자 정약용은 다시 강력하게 상소를 해. 임금의 측근부터 엄히 다스려야 한다고."

달중 오빠가 덧붙여 말했다.

"그럼 서용보는요? 무엇 때문에 악연이라는 말을 들을 정도로 그렇게 정약용을 괴롭혔어요?"

"서용보와 관련해서는 두 가지 일이 있었어. 하나는 마전 향교에 관련된 일이야. 향교 자리가 풍수상 아주 좋았던 모양이야. 서용보 집안에서 그 향교 터를 집안 묘지로 삼고 싶어서, 터가 불길하다는 거짓 소문을 퍼뜨리고 향교를 이전해야 한다고 유림들을 협박했다지? 그 터를 빼앗으려고 말이야. 그걸 정약용이 포착한 거야. 다른 하나는 돈 문제. 서용보가 경기도 관찰사로 있을 때 관청의 곡식을 비싸게 팔아서 그 돈을 유용했대. 임금의 능행이 금천을 지나간다면서 도로 보수 비용을 거둬들이기까지 했어. 실제로 임금은 과천으로 지나갔는데 말야. 그런 잘못을 정약용이 찾아냈으니 서용보는 정약용이 아주 미웠겠지."

내가 듣기엔 모두 서용보의 잘못 같은데……. 미영 언니의 말을 들어 봐도 정약용은 원칙대로 일을 처리한 것밖에 없는 것 같은데…….

"그 후로 결정적인 순간에는 항상 서용보가 정약용의 길을 막았어. 1801년 신유사옥 때 정약용과 형 정약전은 석방될 수도 있었는데 서용보가 강력하게 반대해서 석방이 무산되었지. 1803년에는 강진에서 유배 살던 정약용을 해배하라는 정순대비의 명이 있었는데, 그걸 반대한 것도 서용보야. 그때 서용보가 반대를 안했으면 정약용이 강진에서 18년이나 귀양살이를 안했을 수도 있는데 말이야. 웃기는 건, 18년 만에 해배된 정약용이 마재로 돌아왔는데 마침 서용보가 그 근처에 살고 있었다는 거지. 술과 음식을 보내서 정약용에게 위로의 뜻도 전했다고 하고."

"병 주고 약 주는 것도 아니고 그게 뭐예요?"

미영 언니의 말이 채 끝나기도 전에 내가 물었다.

"자기가 먼저 손을 내밀면 정약용이 굽히고 들어올 거라 생각한 건 아닐까? 강직하면서 좀 까칠하기도 한 정약용은 물론 그러질 않았지만."

미영 언니가 어깨를 으쓱했다.

"그러다가 1819년 조정에서는 정약용을 중용하려는 논의가 있었어. 그런데 이번에도 서용보가 반대하고 나서. 그때 정약용은 58세였고 강진 시기를 지낸 후였기 때문에 만약 벼슬길에 나아갔다면 그동안 공부한 것을 세상에 펼쳐 보였을지도 모르는데. 하여튼 그렇게 결정적인 때마다 서용보가 정약용의 앞길을 막았으니 악연이라고 볼 만 하지."

미영 언니와 달중 오빠의 눈이 마주쳤다. 서용보와의 관계가 악연이라는 것에 두 사람이 동의하는 것 같았다.

"그랬군요. 자기에게 굽히고 들어왔으면 방해를 하지 않았을까요? 그런데 서용보는 끝까지 벼슬을 했나 봐요? 그때까지 그렇게 영향력이 컸던 걸 보면."

"사실 서용보는 천재였어. 정약용도 스물여덟에야 합격한 대과에 열일곱 살에 붙었거든. 나중엔 영의정에까지 오른 인물이고. 이건 내 생각인데, 사람이 거침없이 인생을 살다 보면 어쩌다 만나는 작은 걸림돌 하나도 참지 못하게 되는 것 같아. 열일곱에 대과에 급제한 천재 서용보의 인생에 정약용이 태클을 건 것처럼 느꼈을 것 같다는 거지. 감히 나를 건드려, 뭐 이런 감정 아니었을까? 정치적인 배경도 있겠지만 서용보의 감정은 앙심에 가깝다고 보이거든."

미영 언니의 설명을 들으니 그 말이 맞는 것 같았다.

"그럴 수도 있겠네요, 실패한 경험이 없으니. 실패 없는 미끈한 인생이 꼭 좋은 것만은 아닌가 봐요. 인생에서 가시 몇 개는 있는 게 그 사람을 겸손하고 진지하게 만들어 주는 것 같더라고요. 그러니까 미끈한 것보다는 옹이 몇 개 있는 삶이 오히려 축복받은 삶일 수 있다는 거죠."

조용히 듣고만 있던 아빠가 나직한 목소리로 말했다.

아빠가 실패를 겪으며 사셨던가? 아빠의 말에 왠지 모를 울림이 있는 것 같아 나는 잠시 아빠를 쳐다보았다.

"서른세 살 가을에 암행을 떠난 정약용에게는 무엇보다도 농촌의 참상이 눈에 들어왔을 거야. 그해가 흉년이기도 했지만 굶주린 백성들과 피폐한 농촌은 정약용의 눈길을 강하게 붙들었지. 그런 모습을 시로 쓰기도 했는데, 그런 시를 굶주린 백성에 대한 시라고 해서 '기민시'로 따로 묶기도 해."

미영 언니가 '기, 민, 시.'라고 한 음절씩 끊어가며 말했다.

"굶주리고 가난한 백성들을 잘 다스려야겠다는 다짐도 했겠지요. 그런 것이 모여 나중에 《목민심서》를 집필하는 힘이 된 건가요?"

"그랬겠지. 정약용은 아버지가 백성 다스리는 것을 오랫동안 봐 왔어. 그 아버지 정재원은 연천과 예천의 현감을 지냈고, 울산 도호부사, 진주 목사, 한곳은 또 어디더라? 하여튼 아버지가 다섯 고을의 수령을 지냈거든. 자신도 곡산 부사 경험이 있고. 아버지를 보면서, 또 자신이 실제로 백성을 다스리면서 목민관에 대한 생각을 할 기회가 많았겠지. 암행어사 시절 자신이 목도한 백성들의 궁핍한 삶도 머릿속에 오래 남았을 거고."

"곡산 도호부사가 된 것은 정약용이 서른여섯 살 때의 일이야. 사실은 외직으로 나간 거지, 곡산은 황해도의 시골 지방이었거든."

달중 오빠의 말이 끝나자 미영 언니도 덧붙였다.

"그렇게 승승장구하던 정약용이 외직으로 나갔다고요?"

"응. 일종의 좌천이지. 정약용이 한직으로 나간 건 이 때가 처음이 아니야. 서른네 살 때도 충청도 금정에 찰방으로 나간 적이 있었어. 성호 이익 이야기하면서 말했던 것 같은데."

미영 언니가 고개를 갸웃거리며 말했다. 맞아, 열흘 동안이나 학술대회를 열었다고 했었지.

"기억나요. 이익에 대한 학술대회를 열었다고 했죠? 그런데 왜 좌천이 된 거예요? 반대파 때문에요?"

"그런 셈이지만 자세히 보면 조금 더 복잡해. 정약용이 서른네 살 때 주문모 신부 사건이 있었거든."

"신부요? 그럼 천주교 관련인가요?"

달중 오빠와 눈이 마주치자 내가 물었다.

"응. 중국 사람인 주문모 신부가 은밀히 조선에 입국해 포교 활동을 벌여 왔다는 사실이 발각된 거지. 이 사건으로 지황이라든가 윤유일, 최인길, 이런 사람들이 체포되고 장살되었어. 매 맞아 죽은 거지. 천주학, 즉 서학에 대해 남인들은 크게 두 가지 입장으로 갈렸는데, 같은 남인 중에서도 서학을 공격하는 입장인 공서파와 서학에 우호적인 신서파가 있었어. 공서파들은 주문모 사건을 부각시켰고 이 사건과 관련해서 신서파를 공격하지. 이제 천주교 문제는 정치의 전면으로 부상하게 된 거야. 정조는 곤혹스러웠을 거야. 정약용은 공서파의 타깃이었거든. 그래서 정조는 일단 정약용을 금정 찰방으로 내보내. 중앙 정치에서 격리시켜 예봉을 피하게 한 거지."

"달중이랑 나는 금정에도 가 봤어. 거기 찾느라고 고생 좀 했었는데. 기억나?"

미영 언니가 달중 오빠를 툭 치며 말했다.

"그럼, 기억나지. 금정 들렀다가 봉곡사에도 갔잖아."

"봉곡사요?"

"응. 온양에. 정약용이 학술대회를 연 데가 거기야, 금정 찰방 시절에. 정약용이 청년일 때 성호 이익의 책을 읽고 큰 감명을 받았다고 했지? 그런 정약용이 금정 찰방으로 있는 동안 성호의 유저를 교정하는 모임을 연 거야. 성호의 후손을 포함해 남인의 명망 있는 선비들이 봉곡사에 모여 열흘 동안 먹고 자면서 성호의 책을 읽고 수정했다고 해. 봉곡사도 멋있는 절인데 서연이도 언제 아버님

모시고 한 번 가 보지그래?"

달중 오빠가 나와 아빠를 번갈아 보며 말했다.

"그럴게요. 그럼 금정 찰방을 얼마나 한 거예요?"

"5개월 정도였을 거야. 그 후로도 정약용을 요직에 올리려는 정조의 시도가 있었는데 여의치는 않았어. 서른다섯이던 해에는 자신의 집에서 죽란시사라는 시 모임을 가지는 등 정약용도 자기 나름대로는 이 시기를 잘 견디며 여유 있게 보냈던 것 같아. 그러면서 자신의 앞날을 생각했겠지. 천주교와 떼려야 뗄 수 없는 자신의 앞날에 대해서. 그래서 나중에 〈변방사동부승지소〉라는 걸 올리게 됐는지도 몰라."

미영 언니가 아까처럼 어깨를 으쓱하며 말했다.

"변방, 뭐요?"

너무 긴 데다 생소한 말이라 듣고도 금세 잊었다. 솔직한 내 반응이 재미있었는지 미영 언니가 살짝 웃었다.

"하하, 제목이 좀 어렵지? 동부승지 직을 사양하는 것에 대해 쓴 글이야. 서른여섯인 정약용에게 정조가 동부승지라는 중요한 직책을 맡겼는데 이번에도 반대파들이 들끓었어. 천주교 관련 내용을 내세우며 어명을 거두라고 주장한 거지. 그러자 정약용 스스로 동부승지 직을 사양한다는 긴 글을 적어 올리는데 그게 바로 〈변방사동부승지소〉야. 정약용은 이 글을 통해 천주교와 관련한 자신의 입장을 정리해. 자신의 일을 해명한다고 해서 '자명소'라고도 불리는 글인데, 간단히 말하면 예전에 천주교 책을 읽은 적이 있으나 자신은 천주교 신자가 아니라는 거야. 어쨌든 벼슬은 사양한다는 거고. 이 글을 읽은 정조는 잘 알겠으니 직책을 사양 말고 수행하라고 했어. 그래서 〈변방사동부승지소〉를 통해 일단 천주교 신자라는 누명은 벗은 셈이지. 임금이 알겠다고 했으니까."

설명이 긴 듯해도 들어 보니 알 것 같았다.

"그렇지만 정치라는 게 그렇게 단순한 것이 아니잖아? 들끓던 여론이 자명소 때문에 잠시 가라앉기는 했지만 문제가 완전히 해결된 것은 아니었어. 정치적 이해관계가 복잡하게 얽혀 있었거든. 결국 정조는 정약용을 오지로 발령 내게 되는데 거기가 바로 황해도 곡산이야. 따로 불러서, '한두 해쯤 늦어진다고 별 문제가 되는 것은 아니니 잠시 떠나 있으라' 이러면서 곡산으로 보낸 거지."

달중 오빠였다.

"물론 곡산을 부임지로 선정한 것에도 정조의 계산이 있었을 거야. 전임자가 별 공을 못 세운 곳이니 잘 다스려 보라고 따로 당부한 걸 보면. 그렇잖아. 전임자가 썩 잘하지 못한 곳에서는 정약용이 조금만 치적을 쌓아도 그게 더 빛나 보일 수 있으니까."

이번엔 미영 언니.

"그래서 곡산으로 가게 된 거군요. 뭐, 당연히 잘 다스렸겠지요?"

"당연히? 서연이는 정약용을 너무 믿는 거 아니야?"

달중 오빠가 웃으며 말했다.

"곡산 부사 경험이 《목민심서》를 집필하는 데 도움이 되었다고 아까 오빠가 말했잖아요? 그러니까 그럴 거라고 생각한 거죠."

"맞아. 삼십 대 후반의 3년을 곡산 부사로 보낸 정약용은 치적을 꽤 쌓았어. 정확히는 1년 11개월이었는데 그동안 아주 버라이어티한 시간을 보냈지."

"버라이어티? 얼마나 다양한 일들이 있었기에요?"

"우선 이계심 사건부터 이야기해 줄까? 곡산으로 부임하는 정약용의 행렬을 어떤 사람이 막아섰어. 알고 보니 그 사람은 일종의 지명 수배자였지. 바로 이계심이야."

호기심이 동한 내가 달중 오빠 쪽으로 조금 다가앉았다.

"지명 수배자요? 무슨 죄를 지었는데요? 정약용은 곡산 지방에 부임하면서부터 위험한 일을 당했군요?"

"아니야, 위험한 일은 아니야. 그 사람이 정약용을 해

치러 온 건 아니니까. 정약용의 전임 부사 시절 백성들의 시위가 있었는데 이를테면 그 시위의 주동자가 이계심이었어. 아전이 군포 대금을 걷으면서 200냥만 걷어야 할 것을 900냥이나 걷은 게 문제의 발단이었지. 성난 백성들이 관청의 뜰로 모여들어 일종의 시위를 했는데 수령이 그것을 무력으로 진압하려 한 거야. 주모자 이계심은 당연히 체포 1순위였겠지? 그걸 다른 백성들이 모두 나서서 막아 주면서 이계심을 피신시켰어. 그래서 수배령이 내려지고 이계심은 한동안 도망을 다녔는데 언제까지 그렇게 지내겠어? 마침 신임 부사가 온다고 하니 자신의 억울함을 밝히려고 그 자리에 스스로 나간 거지."

억울함을 호소하는 한 무리의 사람들, 포졸들의 진압, 백성들이 한 사람을 에워싸서 피신시키는 모습, 도망가는 그들의 작은 영웅. 달중 오빠의 이야기를 들으니 그날의 시위 현장이 상상이 되는 듯했다.

"자수한 셈이네요? 아니면 자진 출두? 그래서 정약용은 어떻게 했어요?"

"이계심이 가지고 온 글을 읽어 보니 그 말이 다 맞거든. 그래서 무죄라며 석방을 했대. 관의 잘못된 점을 이야기해 주는 너 같은 백성은 오히려 1000냥을 주고서라도 사야 할 사람이다, 이런 칭찬과 함께."

뭔가 정약용다운 결말인데?

"백성들이 자신의 안위를 위해 수령의 잘못된 점을 보고서도 말하지 않기 때문에 부패가 더 심해진다고 본 거지, 정약용은. 그러니까 이계심처럼 잘못을 잘못이라고 말할 수 있는 백성이 소중하다고 생각한 거야."

미영 언니가 덧붙였다.

"비판적 사유가 없는 것이 바로 악이라고 봤던 한나 아렌트가 떠오르네요."

내 말이 뜬금없었는지 아빠까지 포함해 세 사람 모두 놀란 눈치이다.

"아, 뭘 그리 놀라세요? 그런 것쯤은 고등학교에서도 다 배워요."

"그래, 한나 아렌트도 아는 놀라운 고등학생 서연 양, 서연이가 음악을 한다니 정약용이 곡산에서 만났던 장천용 얘기도 해 줄게."

장난스럽게 달중 오빠가 말했다.

"장천용이요? 음악가예요?"

"응. 장천용은 퉁소를 잘 부는 예술가였지. 그림도 잘 그렸고. 기인이었대. 아전 중에 누군가가 정약용에게 이야기했어, 곡산에 퉁소를 아주 잘 부는 사람이 있으니 그를 잡아 와서 퉁소를 불게 시키면 좋을 거라고."

"잡아 와요? 억지로 연주를 시키고요?"

기가 막힌다. 예술가를 잡아 와서 억지로 연주를 시킨다고?

"아무렴 정약용이 그랬겠니? 그 말을 들은 정약용이, 붙잡아 온다고 와서 퉁소를 불겠냐고, 강제로 데려오지는 말고 그냥 가서 자신의 청을 넣어 달라고 시켰어."

내 마음을 읽은 듯 미영 언니가 웃으며 대답했다.

"그래서요?"

"그랬더니 장천용이 오기는 왔어. 퉁소는 들고 왔지만 맨발에 옷도 대충 입고 술에 잔뜩 취해서. 글쎄, 수령 앞에 오는데 말이야. 그런 경우에는 예의가 없다 해서 치도곤을 놓기가 일쑤인데 정약용은 술을 더 권하고 나서 그냥 잠을 재웠대. 예술가의 자유로운 영혼을 이해한 건지, 그건 잘 모르겠지만……. 하여튼 다음날 다시 장천용을 만났는데 이번에도 장천용에게 술을 권하며 다정하게 대했나 봐. 그랬더니 장천용이 스스로 마음이 동했는지 자신은 퉁소를 부는 것보다 그림을 더 잘 그린다면서 비단 폭에다가 그림을 여러 장 그렸대. 그 그림들이 걸작이었던 것은 말할 것도 없고. 뭐 그런 이야기야. 예술가를 부리는 게 아니라 스스로 마음이 움직일 때를 기다려 그 예술이 발현되게 한 거지. 신분이 낮은 사람이라고 막 대하는 게 아니라 예술가를 예술가로 대접하는 어떤 품격이랄까, 뭐 그런 게 있었던 거야, 정약용에게는."

정약용에게 점점 더 마음이 갔다. 예술가의 품위를 지켜 주려 했다는 점도 내 마음에 들었다.

"나는 정약용의 곡산 부사 시절에서 종횡표가 제일 인상적이었는데."

갑자기 미영 언니가 말을 툭 던졌다.

"종횡표라니요? 그게 무슨 표예요?"

"그냥 표야, 종으로 횡으로 칸이 있는. 가로세로 줄을 그어 놓은 표."

"미영 언니는 그 표가 왜 인상적이었어요? 가로세로 줄을 그은 그냥 표라면서요."

미영 언니가 씨익 웃더니 이야기를 시작한다.

"보통, 복잡한 내용은 표로 정리하잖아? 정약용도 그랬어. 호구조사를 한 후에 그것을 일목요연하게 표로 정리한 거야. 요즘으로 치면 인구조사를 한 셈인데, 이건 사실 기본이지. 이 고을에 몇 명이 살고 있고 그들의 연령대가 어떠한지를 알아야 세금을 정당하게 물리고 부역 동원도 정확하게 할 거 아니야. 그런데 그전까지는 이런 부분이 명확하게 되어 있지 않으니까 어떤 사람에게는 세금이 과다하게 책정되는가 하면 세금을 안 내는 사람도 있고 그랬지. 그런데 정약용이 이 부분을 깔끔하게 정리한 거야. 정확하게 조사하고 명료하게 정리하는 거, 이게 쉬워 보이지만 그전까지는 그러지를 못했다는 거잖아. 나는 정약용의 곡산 부사 시절 하면 그래서 종횡표가 제일 먼저 떠올라."

"원래 미영이는 정리하는 걸 중요하게 생각하거든. 미영이랑 답사를 다니면 엑셀로 사용한 경비를 항목별로 꼼꼼하게 정리할 정도야."

달중 오빠가 놀리듯 말했지만 미영 언니는 개의치 않고 말을 이어갔다.

"정확한 게 좋은 거잖아. 정약용은 또 자와 저울의 정확도도 점검했어. 곡산에 부임해서 거기서 사용하는 자의 길이를 쟀더니 중앙 정부에서 사용하는 자의 길이와 2치나 차이가 났대. 2치라면 거의 7센티미터거든. 그래서 그걸 또 기준대로 정확하게 시정했잖아."

"그게 왜 중요해요?"

"생각해 봐. 중앙정부의 자보다 눈금 간격이 넓다면 백성들에게서 군포를 징수할 때 원래 걷어야 할 정량보다 조금 더 많이 징수하지 않았겠어? 그런데 그렇게 징수해 놓고 중앙으로 보낼 때는 원래 길이대로 보낸다고 생각해 봐. 그럼 남는 부분이 생기잖아? 그 남는 부분을 바로 아전들이 횡령하는 거야. 백성들은 어려운 살림에서 필요 이상의 군포를 내게 되는 거고. 그러니까 자의 길이를 통일하는 것은 매우 중요한 거지. 국사 시간에 왕의 치적을 공부하면서 도량형의 통일을 중요하게 공부하던 것, 기억나지?"

"그렇군요. 그러니까 정약용이 한 일은 모든 기준을 통일해서 투명하고 공정하게 행정을 펼친 거라 볼 수 있겠네요?"

"그렇지. 정확하고 투명한 행정, 뭐 그런 거지. 뿐만 아니야. 이웃 현에 도둑이 날뛰니까 토벌 작전을 펼쳐서 도둑을 소탕하는가 하면 재정 운용도 잘했어. 곡산에서는 항상 서울로 면포를 보냈는데 한 해는 목화 농사가 흉년이어서 면포 값이 많이 올랐나 봐. 그때는 면포 값이 상대적으로 저렴했던 평안도에서 면포를 사다가 서울에 납부하는 방식으로 백성들의 부담을 줄이기도 했대. 유연하면서 융통성도 있었던 거지."

"곡산 사람들이 좋아했겠네요. 고을을 그렇게 잘 다스리니."

"정약용이 의학 전문가이기도 했다는 거, 아니? 의학 책을 썼거든."

정약용에 대한 존경이 가득한 말투로 미영 언니가

이야기를 이어나갔다.

"의학 책이요? 어? 아직 강진으로 유배 가기 전인데요? 유배 가서 많은 책을 쓰는 거 아니었어요? 곡산 부사 시절에 의학 책을 썼다는 거예요?"

"응, 맞아. 《마과회통》이라는 홍역 치료서야. 요즘은 홍역으로 죽음에 이르는 경우가 별로 없지만 예전에는 홍역을 앓다가 죽는 일이 많았어. 정약용도 홍역으로 자녀를 잃었거든. 정약용은 홍역에 대한 종합 처방서인 《마과회통》이 잘 활용되어 홍역으로 목숨을 잃는 일이 줄어들길 바랐어."

"강진 시절에는 공부할 시간이 많았으니까 의학 책을 쓸 수 있었을지 몰라도, 이 시절에는 나랏일 하느라 바빴을 텐데 언제 홍역을 연구했대요?"

똑같이 하루 스물네 시간을 사는데 나랏일도 하고 의학서도 쓰고? 정약용은 도대체 시간을 어떻게 활용한 걸까?

"정약용이 지은 글 중에 〈몽수전〉이라는 글이 있어. 몽수 이헌길을 기리는 글이거든. 이 글에 등장하는 몽수 이헌길이 바로 홍역 연구자였어. 몽수는 홍역을 연구해서 많은 사람을 살렸는데 정약용도 몽수의 도움으로 홍역을 무사히 넘긴 경험이 있나 봐. 그래서 몽수의 연구 내용에

다가, 홍역에 관련된 중국 책들을 스스로 탐구해서 그걸 잘 정리했대. 자신이 처음부터 끝까지 연구한 건 아니니까 벼슬길에 있으면서도 그런 책을 펴낼 수는 있었겠지. 정약용이 공부하기를 즐긴 사람이니까 가능했는지도 몰라."

"이건 나중 일인데, 정약용이 종두법을 알았대."

달중 오빠가 말했다.

"종두법이라면 지석영의 그 종두법 말입니까? 천연두를 사라지게 했다는?"

아빠도 궁금한가 보다.

"예, 아버님. 지석영이 종두법을 최초로 실시한 것으로 알려져 있지만 지석영은 1880년경에야 일본을 통해 종두법을 배우고요, 사실은 그보다 앞서 정약용의 《마과회통》에 종두법에 대한 이야기가 실려 있어요. 홍역에 대한 책 한쪽에 천연두에 대한 내용을 붙여 둔 거죠.

"1880년이면 정약용이 죽은 후잖아요? 그럼 정약용이 종두법을 먼저 알았다는 거네요?"

달중 오빠에게 물었다.

"맞아. 정약용은 지석영보다 이른 시기에 중국을 통해 종두법을 알게 되었고 그 내용을 《마과회통》에도 실어 놓았어. 이규경이라는 사람이 쓴 글에, 중국의 기이한 처방을 정약용이 비밀히 간직하고서 세상에 내놓지 않는데 도대체 정약용은 왜 이를 절종되게 하는가 하는 비판이 나오거든. 정약용이 종두법을 알고 있다는 것을 다른 사람들도 알았던 거지."

이것도 처음 듣는 이야기인데? 정약용이 지석영보다 먼저 종두법을 알았다니 이건 정말 놀라운 사실이었다.

"그럼 왜 정약용은 그걸 세상에 알리지 않았어요? 당시에는 천연두로 죽어 가는 사람들도 많았을 텐데?"

"엄밀히 말하면 정약용이 알리지 않은 건 아니야. 책에 실어 뒀으니까."

미영 언니가 말했다.

"다만, 천주교 관련 혐의 때문에 정약용의 책들은 오랫동안 유통되지 않았고, 그래서 그런 내용이 거의 사장된 채 있었다는 거지. 정약용 이후로도 천주교는 박해의 대상이었잖아. 불온한 사상으로 취급했고. 그러니 정약용의 책을 읽는 사람이 있었을까? 읽는 이가 없으니 그 속에 무슨 내용이 있는지 어떻게 알겠어?"

미영 언니 말대로라면 정약용이 세상에 알리지 않은 것이 아니라 세상이 정약용의 이야기를 듣지 못한 것이었다.

"정약용이 종두법을 연구한 건 꽤 오래전부터였어. 자기가 천연두를 앓은 경험이 있어서 그랬을지도 몰라.

기억나지? 천연두를 앓은 자국 때문에 어릴 때 별명이 삼미자였던 거. 정약용이 규장각에 있을 때 실학자 박제가와 함께 종두법에 대해 연구하기도 했대. 하여튼《마과회통》이 바로 곡산 부사 시절에 쓰여진 책이라는 거야."

달중 오빠가 검지로 자신의 눈썹을 문지르며 말했다.

"달중 오빠 말대로 곡산 부사 시절에는 정말 다양한 일들을 많이 했네요. 겨우 1년 11개월이었는데."

"응. 정조의 의중대로 정약용은 많은 치적을 쌓았지. 당장은 눈에 보이는 치적들이 도드라졌겠지만 곡산 시절은 정약용의 후일에도 영향을 미쳐. 농민의 지위에 대한 생각이라든가, 목민하는 자의 미덕에 대한 생각이라든가 이런 것들도 이때의 경험이 그 밑바탕이 되지. 실제로 경영을 해 본 시기이기도 하고."

"그러다가 정조가 정약용을 다시 중앙으로 불러올리지. 형조 참의를 제수하면서."

달중 오빠 말에 미영 언니가 덧붙였다.

"형조라면 법률이라든가 형벌, 소송 같은 것을 다룬 건가요?"

"그렇지. 요즘으로 치면 법무부의 국장쯤 될걸? 형조 판서, 형조 참판, 그 아래가 형조 참의였으니까. 물론 이번에도 쉽지 않았어. 반대파의 상소가 연일 올라왔으니. 그래도 결국엔 형조 참의 직무를 수행하기는 해."

다시 달중 오빠다.

"형조 참의 경험도 정약용은 저서로 남겨. 그게 바로《흠흠신서》야. 형조 참의 시절에 자신이 접한 사건들을 바탕으로 쓴 책. 이 책을 통해 18세기 조선의 살인 사건 판례들을 볼 수 있다고 해. '흠흠(欽欽)'이라는 것은 걱정이 되어 잊지 못하는 거거든. 어떤 사건을 처리할 때 죄수에 대하여 아주 신중히 생각하고 재판하라는 거지. 하찮은 연민의 정은 버려야 한다고도 했지만."

"정약용이 이런 책을 쓰게 된 데에는 함봉련 사건이 영향을 미친 것 같아."

미영 언니가 말했다.

"맞아. 정약용은 함봉련 사건, 신착실 사건 등을 경험하면서 신중하고 정확한 판단의 중요성을 인식한 것 같아. 그래서 책 제목도 '흠흠'인 거 아닐까?"

"함봉련 사건이요? 신착실 사건이요?"

달중 오빠를 바라보았다.

"음, 함봉련은 살인죄로 7년째 복역 중인 죄수였어. 정약용은 이 사건의 초검, 재검 기록을 다 꼼꼼하게 검토했어. 그러고는 함봉련이 무죄라는 것을 밝혀냈지. 이전 수사에서는 함봉련이 밀어서 피해자가 넘어져 죽은 것으로 파악되었어. 그런데 다시 자세히 검토해 보니 고발자가 처음에 고발할 때 피해자가 자기 무릎으로 가슴을 쳐서 피를 토했다고 했더라, 그러니까 함봉련의 구타를 직접 사인으로 볼 수는 없다, 뭐 이런 내용이지. 7년이나 복역한 것은 억울하지만 그래도 무죄라는 것을 밝혀냈으니 함봉련 입장에서는 그나마 다행이었겠지."

달중 오빠가 천천히 고개를 끄덕이며 말했다.

"그래도 7년이면 긴 세월인데. 그 사람의 삶은 완전히 망가진 거잖아요."

"맞아. 그래서 정약용은 신중히 생각하고 재판하라고 한 거지. 누군가의 인생이 걸린 문제니까."

"신착실 사건은 더 황당해."

이번엔 미영 언니다.

"신착실이라는 사람이 어떤 사람과 돈 문제로 다퉜는데 그 상대방이 지게 끝 뾰족한 막대기에 항문을 찔려서 죽고 말아. 신착실에게는 살인죄가 내려졌지만 정약용은 이 사건을 조사해서 우연히 일어난 사고라고 결론을 내려. 피해자가 넘어지면서 공교롭게도 항문에 꼬챙이가 꽂혀 죽음에 이르기는 하지만 앞뒤를 따져 보니 의도적 살인이 아니라 우연한 사고였다고 판단한 거지."

우연 치고는 참 운도 없는 우연이네. 하지만 의도적

살인과 우연한 사건은 분명히 다른 문제이다. 다른 문제이고말고.

"《흠흠신서》를 쓰게 된 데는 정약용 자신의 경험도 중요하게 작용했을 거야. 자신이 신유사옥 때 실제로 재판을 받고 감옥살이를 하면서 느꼈던 점들, 더 꼼꼼하고 논리적으로 사실에 접근해야 한다든가 하는 생각, 뭐 이런 것들도 그 책에 반영된 것으로 봐야지."

미영 언니 말대로라면 정약용은 자신의 재판이 꼼꼼하고 논리적이지 못했다고 봤던 것일까? 하긴, 그 재판으로 인해 기나긴 귀양살이가 시작된 건데. 재판하는 사람이야 그게 날마다의 '일'일지 몰라도, 재판 받는 사람에게는 '인생 전체'일 수도 있으니. 공정하고 정확한 재판은 한 개인에게 정말 중요한 문제인 것 같다.

"그런데 형조 참의로 일했던 시기는 두 달이 안 돼. 5월에 제수 받았는데 6월부터 천주교 관련 상소가 다시 올라오고, 6월 22일에는 영원히 벼슬길을 떠나겠다는 상소를 올리고 관로를 떠나니까. 물론 임금은 한 달 동안이나 사표를 수리해 주지 않았지만 결국 7월에 사표를 받아들여. 이후로는 벼슬길에 들어서지 못했으니 정약용의 관직생활은 그렇게 40대 전에 다 끝나고 말아."

달중 오빠였다. 그럼 두 달도 안 되는 기간 동안 저런 오류를 바로잡았다는 말인가? 어쩌면 정약용은 일중독자였는지 모르겠다는 생각이 얼핏 들었다.

"그럼 이후에는 마재의 '여유당'으로 들어간 거군요?"

"응, 그때 이야기한 것처럼 체제공의 죽음에 이어 정조의 승하를 겪으면서 정약용에게는 환란의 시대가 시작되는 거지."

"그렇군요. 그럼 다음 답사는 강진이 되는 건가요?"

"어휴, 강진까지 가려고?"

'강진'이라는 내 말에 달중 오빠가 깜짝 놀랐다. 슬쩍 보니 아빠도 조금 놀라는 표정이다.

"강진은 서울에서도 무지 멀어. 춘천에서는 더 멀지 않을까?"

"언니랑 오빠는 강진 갈 계획 없어요? 이번에도 언니 오빠 이야기를 들으면서 공부가 많이 됐거든요. 강진 갈 계획 있으면 저 좀 불러 주세요. 저도 따라가게."

미영 언니의 손을 흔들며 내가 말했다.

"아버님, 서연이가 이러다가 음악 그만두고 정약용 연구하는 거 아닙니까?"

아빠를 바라보며 달중 오빠가 물었다.

"그것도 나쁘지 않죠. 서연이가 더 연구할 게 있다면 말이에요."

아빠의 흔쾌한 대답에 다들 크게 웃었다. 이런다고 피아노를 그만둘 내가 아니라는 걸 미영 언니나 달중 오빠는 아직 모른다. 내가 피아노를 떠나서는 살 수 없다는 것을 잘 알고 있는 아빠가 그래서 더 큰소리를 쳤다는 것도.

정치를 생각하면, 멱살 잡고 싸우는 모습이라든가 기름 발라 머리 넘긴 아저씨, 혹은 가슴에 꽃 달고 악수하고 다니는 사람들만 떠올랐는데, 오늘 화성행궁 복원 이야기를 듣다 보니 그동안의 내 생각도 편견이었던 것 같다. 때때로 정치는 바람직하고 강력한 힘을 가지기도 하는 듯.

미영 언니의 이야기대로라면, 지금은 돌아가신 예전의 그 경기도지사가 만약 수원의료원 증축을 원안대로 진행했다면 지금의 화성행궁은 없었을지도 모르겠다. 임사빈이라는 그분이 수원의료원을 다른 곳으로 옮겨 지으라고 지시하지 않았다면 화성행궁 자리에 있던 수원의료원은 그 자리에 더 크게 증축되었을 것이고, 이미 증축된 건물을 다른 곳으로 옮기고 행궁을 복원하는 일은 정말 더 어렵고 힘든 일이 되었을 것이다.

생각해 보면 화성행궁은 정조 모자의 슬픈 운명과 참 닮았다. 정성 들여 찬찬히 지은 행궁에서 노후를 보내려던 정조의 소망은 이뤄지지 않았고, 자급자족 도시 화성을 발판으로 새로운 시대를 열어 가려 했던 정조의 꿈도 무산되고 말았다. 일제강점기에는 일본 사람들을 위한 자혜병원과 경찰서, 군청이 화성행궁 자리에 있다가, 이후에는 수원의료원, 신풍초등학교, 수원경찰서가 들어섰다는 이야기를 들으니, 왕궁이었으나 왕궁이 아니었던 화성행궁과, 이루지 못한 정조의 꿈이 더더욱 안타까웠다.

정조는 화성행궁을 정말 사랑했던 것 같다. 아까 들은 설명으로는, 행궁의 신풍루라는 곳에서 정조가 직접 백성들에게 죽을 떠 주기도 했다고 한다. 신풍루라는 이름의 '풍'은 황제의 고향이라는 뜻이라 하니 정조는 화성을, 수원을, 자신의 새로운 고향으로 생각하고 무척 사랑했던 것 같다.

누구는 정조의 죽음을 독살이라 하고 누구는 과로사라 한다지만, 내게는 어머니보다 먼저 죽은 슬픈 죽음으로만 느껴진다. 혜경궁 홍씨가 왕비는 아니었기 때문에 화성행궁의 봉수당은 봉수전이 되지 못하고 봉수당에만 머물렀다는 이야기를 들으니 임금도 어쩔 수 없는 나라의 법도가 참 무겁게도 다가오고……. 그런 분위기에서도 최선을 다해 어머니에게 효도한 아들이지만 그런 효자도 어머니보다 먼저 죽는 불효를 저지를 수밖에 없었구나. 죽음이라는 것은 그렇게 누구도 어쩌지 못하는 것이구나, 우리 엄마처럼.

행궁에서 보았던 느티나무 세 그루. 책자에서는 벼슬 품(品)자를 상징하는 거라 설명하고 있지만, 내 눈에는 사도세자와 혜경궁 홍씨와 어린 정조가 이루었던 다정한 가족 같은 느낌이었다. 나도 언젠가는 어디엔가 세 그루의 나무를 심고 싶다.

춘천에서 수원으로, 수원에서 다시 춘천으로 되짚어 오는 길은 사실 좀 고단했다. 정약용 이야기를 재잘대는 서연이 때문에 피곤함을 잠시 잊긴 했지만 요즘 현장 일이 신경 많이 쓰이는 공정이라 내일부터는 다시 죽음의 한 주가 될 것 같다. 그래도 녀석이 어딜 가자면 나는 또 아무렇지도 않은 척 약속을 잡겠지. 앞으로도 내내 그러고 싶다.

혜경궁 홍씨를 생각하면 나의 이런 삶은 오히려 감사한 것이구나. 그래도 나는 녀석을 내 곁에 두고 녀석이 커 가는 모습을 내 눈으로 보며 녀석의 재잘거림을 들을 수 있으니. 고작 열한 살짜리 아들을 시아버지에게 떼어 놓고 궁을 나간 혜경궁 홍씨는 무슨 의욕으로 삶을 살았을까. 밥도 못 먹고 잠도 못 잤겠지. 엄하기는 한없이 엄하고, 심지어 당신의 아들이자 자신의 남편인 사도세자를 뒤주에 가둬 죽음에 이르게 한 비정한 시부에게 사랑하는 아들을 맡기고 나오던 그 발걸음을 나는 상상도 할 수 없다. 그렇게 하는 것만이 아들을 위하는 길이라는 확신이 들었겠지. 어쩌면 다른 선택이 없었는지도. 그렇게 두려운 마음으로 키운 아들이 극적으로 왕위에 올랐을 때 혜경궁

홍씨가 누렸을 감격, 그런 자랑스럽고도 애틋한 아들을 자기보다 앞세워 보내야 했던 혜경궁 홍씨의 한을 나로서는 도저히 상상도 할 수 없다.

편부모 가정이 많아졌고 사회 인식도 나아졌다고는 하나 그래도 녀석은 때때로 상처를 받았을 것이다. 내가 퇴근하기를 기다리며 텔레비전 켜고 무서움을 쫓고 있던 초등학교 때의 그 늦은 밤들. 하필이면 지방 출장도 많은 건축업자 아빠 밑에서 크느라 몇 달은 할머니, 몇 달은 이모, 몇 달은 큰엄마의 집에서 학교를 다녀야 했던 그 힘든 시절들. 어른인 나도 그때 일을 생각하면 눈시울부터 붉어지는데, 녀석은 별다른 말없이 잘 견뎌 주었다. 녀석이 첫 생리를 했던 그날은 또 얼마나 당황스러웠던지. 아무것도 도와줄 수 없는 아빠 앞에서 울지도 웃지도 못하던 녀석의 얼굴이 지금도 생생하다.

잘 자라 주어서 고맙다, 서연아. 사랑한다, 내 딸.

3

설혹 너무
태양 가까이
날아

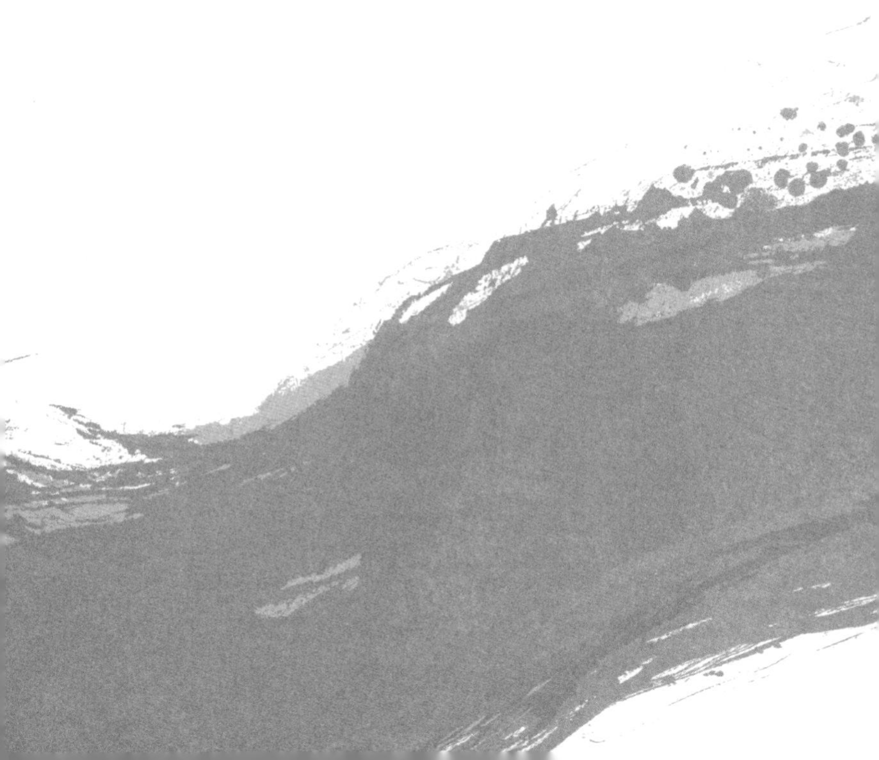

밝은 보라색 간판의 커피 집은 예술의전당 바로 건너편에 있었다. 횡단보도를 건너 커피 집 문을 열고 들어가자 지하로 내려가는 계단이 왼편에 보였다.

미영이가 적당한 곳에 자리를 잡고 앉는 사이, 나는 몇 가지를 주문했다. 먹을 것 마실 것이 담긴 쟁반을 들고 돌아서는데 출입문이 열리며 서연이가 들어섰다.

"아, 오빠! 안녕하셨어요?"

"그래, 어서 와. 찾는 거 힘들지 않았지?"

"예술의전당에서 길만 건너면 되네요, 뭐. 바쁜 거 아니에요, 오늘?"

"아무리 바빠도 서연이가 왔다는데 시간 내야지. 연

주회는 몇 시에 시작해?"

"일곱 시요. 아직 두 시간은 기다려야 해요. 선생님이 리허설 때문에 먼저 들어가셔서 언니랑 오빠 아니었으면 저 혼자 한참 기다릴 뻔했어요."

같이 계단을 내려갔다. 우리를 본 미영이가 서연이에게 반갑게 손을 흔들었다.

"어서 와, 어서 와. 춘천에서는 몇 시에 출발한 거야?"

"9시에 출발해서 여기 와서 점심 먹었어요. 선생님이 반주하시는 합창단이라 궁금하기도 하고, 모처럼 서울 구경도 하고 싶어서 선생님 차로 같이 왔어요."

서연이 어깨를 툭 치며 내가 말했다.

"서운하네, 서울 오면서 나에게는 연락도 안하고."

"그때 수원에서 만났을 때, 오빠가 한 달 내내 바쁘다고 했잖아요. 그래서 언니에게만 연락한 건데. 미안해요, 오빠."

"그런 거였구나. 나는 그것도 모르고 삐치려고 했지, 하하. 마침 오늘 저녁에 미영이랑 같이 어딜 가기로 했어. 그때 문회 선생님 이야기 안했나? 그 선생님이랑 공옥 선생님 만나기로 했거든."

음식이 담긴 쟁반을 서연이 쪽으로 밀어 주며 내가 말했다.

"아, 언니랑 오빠가 처음 답사를 같이 했다는 그분들이요?"

"응, 맞아. 그분들 따라 여름방학마다 안동에 가서 강학회를 하는데, 오늘 뵙고 그 강학회 일정을 좀 의논드리려고."

"안동까지 가요? 매해 여름? 강학이면 공부를 하는 건가?"

"맞아. 퇴계 선생 글을 읽어, 하루 종일."

"퇴계 선생님이면 퇴계 이황이요? 그리고, 하루 종일이요?"

'하루 종일'이라고 말하면서 서연이 눈이 커졌다.

"응, 종일. 이를테면 집중학습? 네가 좋아하는 정약용 선생도 강학회에 참석하곤 했잖아."

미영이가 웃으며 말했다.

"아, 맞다. 문제집 푸는데 정약용의 〈기예론〉 문제가 나왔어요. 전에도 봤던 지문인데 이번에는 아주 꼼꼼하게 읽게 되더라고요."

그럴 테지. 〈기예론〉은 교과서에도 실린 적이 있는 글이니, 대입 준비서에 나오는 건 당연한 일일 거다.

"그래, 꼼꼼하게 다시 읽어 보니 어때?"

"좋은 이야기지요, 뭐."

서연이의 허무한 답변에 미영이도 어이없어 하는 표정이었다. 하얀 생크림이 듬뿍 올려진 직육면체의 빵과 자몽주스 세 잔이 담겨 있는 쟁반을 당기더니 미영이가 먹기 좋은 크기로 빵을 자르기 시작했다.

"먹어 봐, 허니버터브레드, 아주 달콤하고 맛있어. 물론 살은 좀 찌겠지만. 그래서 자몽주스를 사 왔잖아. 자몽이 다이어트에 도움 되는 건 알지?"

생크림까지 얹은 빵을 포크로 잘라 한입 물며 내가 말했다. 달콤한 향이 입안 가득 퍼졌다. 서연이도 한입 가득 빵을 우물거리고 있었다.

"우와, 자상하시네요, 오빠. 정말 맛있어요. 잘 먹을게요. 그런데 정약용의 〈기예론〉 말이에요. 정약용은 청나라에 가 본 사람도 아닌데 왜 〈기예론〉 같은 글을 썼을까요? 병자호란 생각하면 청나라는 오랑캐 나라인데, 왜 그런 나라의 기술을 배워야 한다고 한 거죠? 그런 거 보면 역시 실학자였네요, 정약용은?"

서연이 녀석, 어느새 빵을 삼키고 내게 묻는다.

"그렇지, 실학자지. 그런데 그 배경은 좀 더 복잡해. 들어 볼래?"

"오케이. 그럼, 설명 시작!"

그러더니 서연이가 자몽 주스를 한 모금 마셨다. 서

연이가 빨대에서 입 떼기를 기다려 미영이가 말했다.

"그 배경을 알려면 당쟁에 대한 걸 좀 살펴봐야 해. 그래야 이해가 될 거야. 어디부터 시작할까? 일단 동인과 서인부터 이야기하는 게 낫겠지? 그래, 임진왜란 거기서부터 하자."

그러더니 미영이도 주스를 한 모금 마시고 나서 이야기를 시작했다.

"임진왜란 이전 상황에 대해 동인과 서인의 견해가 좀 달랐어. 동인은 전쟁 발발 위험이 없다고 보는 입장이었고, 서인은 전쟁이 일어날 가능성이 있다고 보는 입장이었거든."

"그렇지만 결국 전쟁이 터졌잖아요?"

"맞아. 임진왜란이 터졌고, 조선은 국난을 맞게 되지. 그 국난 극복의 중심에는 유성룡이 있었는데 이 사람은 남인이었어."

"동인도 서인도 아닌 남인이라니요?"

내가 설명하는 사이 미영이가 가방 속에서 종이와 펜을 꺼냈다. 지금부터 이야기가 복잡해지긴 하지.

"동인은 다시 남인과 북인으로 나뉘어져."

미영이가 종이에 커다랗게 동그라미를 두 개 그리더니 그중 하나를 다시 둘로 나누었다. 큰 동그라미 한쪽에는 '동', 다른 한 쪽에는 '서'라고 쓰고, 다시 '동'이라고 쓴 동그라미를 두 개로 나눠 각각 '남'과 '북'이라고 적더니, 펜 끝으로 '동'을 콕콕 치며 이야기를 이어갔다.

"동인은 전쟁 위험이 없다고 봤지만 실제로 전쟁이 터졌고, 전쟁이 터지자 동인 중 남인은 그 전쟁을 극복하는 데 일정한 역할을 하게 되는 거지. 유성룡이 이순신 장군을 천거했던 건 알지?"

서연이가 조그맣게 고개를 끄덕인다.

"임진왜란 당시에는 선조가 집권하고 있었는데 전쟁을 마무리하고 나라를 안정시키는 일은 광해군이 하게 돼. 광해군은 선조의 둘째 아들인데 북인의 지지를 업고 집권하게 되지. 유성룡 같은 남인들이 국난 극복의 중심에 있었지만 북인들도 의병 활동 등을 통해 나라의 위기 해결에 기여를 했어. 이때부터 한동안은 북인의 일당독재였어."

미영이가 '북'이라고 쓴 동그라미 옆에 '광해군'이라고 적어 넣었다.

"북인이 추앙하는 사람은 남명 조식이라는 사람이었어. 진주를 기반으로 했던 조식은 퇴계와 동시대 사람이었는데, 너도 알다시피 남명 조식이 퇴계에 비해서는 인지도가 좀 떨어지잖아. 벼슬을 안했으니 그렇겠지? 하여튼 그 부분이 북인들에게는 늘 불만이었나 봐. 조식이 퇴계에 비해 상대적으로 평가절하되는 것이 아쉬웠던 거지. 광해군 집권기에 정인홍이라는 사람이 북인 중심의 개혁을 진행했는데 그 과정에서 퇴계를 비판해."

미영이의 말이 끝나기도 전에 서연이가 미영이 손에서 펜을 받아 쥐더니 '북' 밑에 '조식'이라고 썼다.

"퇴계 이황에 대한 비판은 사실 그 당시 사람들에게 금기시되던 거야. 퇴계는 오랫동안 두루두루 존경 받는 대학자였으니. 그런데 정인홍이 그 금기를 깬 셈이지. 집권 세력을 등에 업고 어마어마한 일을 한 거야. 다들 존경해 마지않는 퇴계 선생에 대한 비판이라니."

나도 한마디 거들었다.

"그런데 광해군도 그건 좀 탐탁지 않았나 봐. 조식을 문묘에 올리자는 북인들의 요청을 끝까지 거부했거든. 그 과정에서 정인홍의 권력도 차츰 위축되었어."

미영이가 말했다. 서연이는 '문묘'라는 말을 듣고도 가만히 있었다. 서연이가 문묘 배향의 의미를 아는 걸까? 한 선비가 문묘에 올랐다는 건 학문을 비롯한 모든 면에서 성현의 반열에 올랐음에 대한 인증이라는 것을.

"그러던 중에 인조반정이 일어나. 광해군은 명청 교체기에 자주적이면서 실리적인 외교로 조선을 잘 이끌었지만 한편으로는 영창대군 폐위 같은 정치적 약점도 있었어. 그 점을 문제삼아 서인들 중심으로 인조반정이 일어나고 결국은 반정이 성공하게 되지."

종이 위에 한자로 '反正'이라고 쓰며 내가 말했다.

"서인 중심이요? 그럼 북인은 몰락했겠네요?"

서연이가 '북' 위에 X자를 썼다.

"그렇지. 서인이 주도하고 남인이 동조한 인조반정이 성공하자 북인이었던 정인홍도 죽임을 당해."

미영이가 '북' 위의 X자를 보며 빙그레 웃었다. 서연이가 제법 잘 알아듣는 게 은근히 기쁜 눈치였다.

"그럼 광해군 시절이 끝나면서 북인은 몰락하고 동인에서는 남인만 남았네요?"

"응. 이후 인조 집권기에는 남인과 서인이 연립 정권을 구성하게 돼. 양측 모두에게 정권 창출의 공이 있었으니까. 그렇지만 그 사이에도 갈등이 있었지. 북벌론에서도 충돌했고, 상복을 어떻게 입을까 하는 문제, 이른바 예송 논쟁에서도 부딪치고."

당쟁을 설명하는 게 갑갑했는지 미영이가 주스를 한 모금 마셨다. 언제나 정쟁은 있어 왔지만……. 이 시대의 정치 상황에 생각이 미치자 나도 갑자기 목이 말라와 주스를 한 모금 마셨다.

"이 즈음 서인의 영수는 우암 송시열이었고 송시열의 제자가 윤증이었어. 이때 송시열 중심의 노론과 윤증 중심의 소론으로 갈리기는 하는데 그래도 크게는 남인과 노론의 갈등이라고 봐야지."

"아하, 동인 중의 남인과, 서인 중의 노론이네요."

서연이가 미영이의 펜을 받아 종이 한 켠에 '노론'이라는 글씨도 적었다.

"남인과 노론의 갈등이 불거진 예송 논쟁은 피를 부르기도 했어. 윤휴라는 사람은 사문난적으로 몰려 죽임을 당했고, 박세당도 이때 죽었지."

"상복을 어떻게 입을까 하는 문제가 그렇게까지 큰 문제예요?"

"응. 상복 문제는 옷을 어떻게 입을까 하는 예(禮)의 문제인데 이런 예의 논쟁이 정치적으로까지 비화된 거야. 이해가 안 가지?"

"네, 이해가 안 돼요. 그게 무슨 큰 문제라고 사람이 죽기까지 해요?"

주스 컵에 담긴 빨대를 깨물다 말고 서연이가 물었다.

"조선은 유교 국가였잖아. 유교 국가였던 조선은 성문법이 있기는 했지만 커다란 문제에서 최종 결정을 내릴 때에는 권위 있는 학자들의 의견이 매우 중요했어. 그 학자들을 산림이라고 하는데 그게 요즘 같으면 헌법재판소 같은 기능을 한 셈이야. 그러니 예송 논쟁은 단순히 예의 문제에서만 그치지는 않았던 거지."

'성문법'도 설명하려다가 관뒀다. 성문법이니 불문법이니 하는 건 서연이도 알겠지.

"그래서 탕평론이 대두되었어. 탕평론은 숙종 때부터 나오기 시작했는데 영정조 시대를 거치면서 더욱 강력하게 추진돼. 신권의 지나친 강화에 대한 반작용이라고 볼 수 있지."

미영이가 종이 위에 '신권(臣權)'이라고 썼다.

"탕평론의 내용을 보면 남인과 노론 사이에 온도 차가 있긴 해. 남인이 생각한 탕평은 신권의 상대 개념인 왕권을 강화하려는 탕평이었거든. 노론은 신권을 조금 더 중시하는 입장이었고."

"결국 왕의 예법을 신하의 예법과 동일하게 볼 거냐, 왕은 특별한 존재니까 신하의 예법과는 다르게 볼 거냐, 뭐 이런 문제였던 거지."

그렇지. 이렇게 말하는 게 명쾌하지.

"사도세자의 죽음도 따지고 보면 신하들끼리의 싸움의 결과지, 뭐. 노론의, 정확히는 노론 벽파의 승리면서."

미영이가 덧붙였다.

"그래서 정조는 강력한 왕권으로 국가를 쇄신하려 했어. 노론과 남인을 균형적으로 기용하면서 당파를 조정하려고 한 거지. 노론 출신인가 아닌가 이런 걸 따지는 대신, 규장각 중심의 인재를 등용하기도 하고."

"그래서 정조가 노론을 누르고 남인을 더 우대한 거군요."

"응. 균형적으로 기용하려다 보니 아무래도 그동안 눌려 있던 남인을 좀 더 우대한 것처럼 보였겠지. 그런데 최근에 발견된 정조의 편지를 보면 정조가 꼭 노론을 누른 것만도 아니었던 듯해. 심환지라는 노론의 영수와 주고받은 편지를 보면 상당히 개인적이고 사적인 감정도 나누고 있거든. 연구가 더 되어야겠지만 정조가 매우 정치적인 군왕이었던 것만은 확실해."

그렇지. 최근에 발견된 299통의 편지들. 정조는 정말 정치적인 군왕이었다. 정조가 심환지에게 보낸 299통의 어찰을 보면 이 사실은 너무나 분명하다.

"꺼져 가던 남인의 불씨가 정조 시기를 거치면서 다시 피어나는 듯했는데 천주교와 얽히는 바람에 남인은 다시 어려움에 처하게 되지. 노론은 여전히 강성하고. 정조 사후에도 노론 중 외척들이 정권을 잡게 되는데 그게 바로 안동 김씨 세도 정권이야."

"인조 때로 다시 가 보자. 인조반정을 통해 서인들이 권력을 잡기는 했지만 서인들은 좀 난처한 입장에 있었어. 아까, 임란과 호란 같은 국가의 위기 때 그것을 타개한 것은 유성룡 같은 남인이라고 했지? 서인 입장에서는 국가가 어려움에 처했을 때 자신들이 적절히 대처하지 못했다는 것을 의식할 수밖에 없었지. 그래서 율곡의 십만양병설도 만들어 내고. 우리 율곡 선생이 전쟁에 대비해 미리 십만의 군사를 양성해야 한다고 하지 않았냐, 이런 거지. 율곡이 서인이었거든."

"십만양병설이 그럼 거짓이었다는 거예요?"

서연이가 눈을 동그랗게 떴다.

"그렇게 보는 견해도 있어. 율곡은 십만양병설을 주장한 적이 없다는."

미영이가 가볍게 대답하더니 이야기를 이어나갔다.

"서인들은 북벌론을 내세워 사실을 호도하기도 했어. 청나라는 오랑캐니까 우리는 저런 오랑캐를 무찔러야 한다, 이게 북벌론이잖아. 국력의 열세 같은 것은 전혀 고려하지 않은 거지."

"이런 북벌론으로 자신들의 자존감은 상당히 올라갔지만 그 결과 청나라의 발달한 문화는 수용하지 못하게 돼. 오랑캐에게서 뭔가를 배운다는 건 도저히 용납할 수 없는 거지."

나도 한마디 덧붙였다.

"서인으로부터 나온 노론의 이런 태도에 대해 정약용은 아무래도 비판적이었겠지? 정약용은 남인이었으니까. 이런 상황이 바로 〈기예론〉의 배경이야. 지금처럼 손 놓고 있으면 안 된다, 앞선 청나라의 문물을 배워 와야 한다, 이런 거지. 실학적 사고가 그 밑바탕에 있기도 했지만."

그제서야 서연이가 고개를 끄덕였다. 이해가 된 듯했다.

"아, 그렇게 연결되는군요. 만약에 남인들이 천주교와 관련되지 않았더라면……. 남인들은 그 점이 참 안타까웠겠네요."

"바로 그 점 때문에 남인 내부에서 공서파와 신서파가 갈리게 되는 거야."

미영이가 빵을 우물거리며 말했다.

"이러다가는 남인이 완전히 몰락할 수도 있겠다고 판단한 사람들은 천주교 수용에 반대했을 테니 공서파가 되었을 거고, 그런 대로 천주교를 수용한 사람들은 신서파가 되었을 거고. 맞아요?"

서연이가 제법이다.

"그렇지. 신서파는 천주교 수용에 대해서 암묵적으로

동의하는 입장이었으니. 그러니까 공서파들이 그렇게 신서파를 미워했던 거지. 이제 남인이 좀 숨을 쉬나 했는데 생각지도 못한 천주교에 발목을 잡히게 되었으니 같은 남인이라도 천주교에 물든 신서파들은 차라리 쳐내는 것이 낫다, 이런 입장이었던 거야."

"정약용은 신서파였죠?"

"응. 정약용과 천주교의 관계를 이야기하려면 광암 이벽 이야기부터 해야겠다."

미영이가 입속의 빵을 급하게 삼키며 말했다. 당연하다. 광암을 빼놓고 정약용의 천주교 수용을 이야기할 수는 없지.

"이벽은 정약용의 사돈이었어. 정약용의 첫째 형인 정약현의 부인 동생이었으니까 이벽은 정약현의 처남인 거지. 정약용과 이벽은 사돈지간이지만 그렇게 먼 사이가 아니었어. 같이 책을 읽기도 하고 이야기도 많이 나누고 그랬지. 먼 사이가 뭐야? 이벽은 정약용의 학문적 동지이자 선배고 스승이고, 뭐 그랬는걸."

"정약용이 정조 눈에 든 것도 알고 보면 이벽이 도운 셈이야."

내 말이 끝나자 미영이가 말했다.

"이벽이 도왔다고요?"

미영이를 바라보며 서연이가 물었다.

"정조가 워낙 공부하는 걸 좋아했던 군왕이었잖아. 정조는 때때로 성균관 유생들에게 과제를 주고 그에 대해 토론하곤 했는데, 한번은《중용》에 대한 과제를 내줬어. 당시 성균관 유생이었던 정약용도 그 과제를 열심히 준비했겠지. 결과만 말하면,《중용》을 이야기하면서 대부분의 남인 유생들은 퇴계의 이발설을 따랐는데, 정약용만 율곡 이이의 기발설을 지지했어. 젊은 남인학자가 당돌하게도 율곡설을 들고 왔네? 그게 정조 눈에 들었나 봐. 뭐, 당색 따위에 구애 받지 않는 어떤 패기를 느낀 게 아니었을까?"

'당돌하게도'라……. 미영다운 표현이다. 어쨌든 정약용의 그런 패기가 정조의 눈에 들었던 것은 분명하다. 미영이가 이야기를 이어나갔다.

"그런데 그 기발설 주장의 배경에 이벽과의 토론이 있었어. 과제를 준비하면서 정약용은 이벽과 그 문제에 대해 토론했는데, 정약용이《천주실의》에 있는 '기는 자립자, 이는 의뢰자'라는 설명을 가져다가 율곡의 기발설을 지지했고, 그런 내용을 바탕으로 정약용이 과제를 준비한 거지. 이벽은 퇴계설을 지지했지만, 어쨌든 정약용이 정조 눈에 들게 된 데에는 이벽의 역할도 있었던 셈이지. 두 사람의 토론이 중요한 배경이 된 거니까."

"저기, 언니……. 저기, 미안해요. 그런데 이발설, 기발설이 뭐예요?"

서연이가 미안한 표정으로 물었다. 이야기가 좀 어려워졌다 싶더니…….

"아차차. 미안. 이발, 기발 말하기 전에 이기론(理氣論)부터 설명할걸……."

미영이가 서연이 손을 토닥이더니 이내 설명에 나섰다.

"이기론은 우리가 사는 세상을 이(理)와 기(氣)라는 개념을 사용하여 설명하는 이론이야."

"이와 기요?"

"응. 성리학자들은 세계를 설명하는 개념으로 이와 기를 들지. 눈에 보이고 형체로 드러나고 운동하는 것들, 이런 건 기(氣)야. 우리가 살아가는 거, 새가 알을 낳는 것, 나무에 꽃이 피는 거, 이런 것들은 모두 기의 작용인 거야."

미영이가 종이에 '氣'라고 적었다.

"그런데 세상은 또 그런 것만으로 운영되는 건 아니야. 새가 알을 낳지만 타조가 참새 알을 낳을 수는 없는 거고, 꽃이 피지만 배나무에 사과 꽃이 필 수는 없는 거잖아? 타조가 꼭 타조 알을 낳는 거, 배나무에 배꽃이 피는 거, 그렇게 만들어 주는 어떤 원리나 법칙, 그런 현상의 근거, 그게 리(理)거든. 미안 미안……. 이(理)라고 하면 청각 인상이 분명하지 않아서 우린 리(理)라고 불러. '이'라고 하면 무슨 말인지 잘 몰라도 '리'라고 하면 분명히 들리잖아?"

그러더니 '氣' 옆에 '理'라고도 썼다.

"아, 꽃이 피는 거 자체는 기의 작용인데, 배나무에 꼭 배꽃이 피기만 하는 것이 이가 있기 때문이라는 거죠? 그럼 기를 더 강조한 게 기발설, 이를 더 강조한 게 이발설인가요?"

말귀를 잘 알아듣는다, 서연이는.

"그렇다고 볼 수 있지. '기는 자립자, 이는 의뢰자'라는 건, 이가 기를 의뢰하는 거니까 기를 강조한 기발설로 연결되는 거잖아. 원래 이발기발설은 성리학의 핵심 개념인 리와 기, 사단과 칠정을 해석하는 과정에서 나오게 된 논쟁이야.《맹자》와《중용》에 사단과 칠정이 나오거든. 서연이 너, 혹시 사단과 칠정이 뭔지는 알아?"

"아, 그건 알아요. 학교에서 배웠어요. 사단은 측은지심, 수오지심, 사양지심, 시비지심, 이렇게 네 가지. 맞죠?"

뜻밖이다, 이 녀석. 사단(四端)을 알고 있단 말이야?

맹자는 인간의 본성이 선하다는 것을 말하기 위해 우리에게 네 가지 마음이 있다고 했다. 곤경에 처한 사람을 불쌍히 여기는 측은지심, 자기의 옳지 못함을 부끄러워하고 남의 옳지 못함을 미워하는 수오지심, 옳음과 그름을 가릴 줄 아는 시비지심, 겸손하여 남에게 사양할 줄 아는 사양지심. 이 네 가지 실마리를 통해 우리 본성의 인의예지 사덕을 확인하게 되는 것. 이런 개념까지 서연이가 알지는 모르겠지만…….

"이발기발은 잘 모르면서 사단은 어떻게 알아? 칠정도 알아?"

미영이도 의외였던 모양이다.

"에이, 시험 범위여서 외웠어요. 칠정은 희노애락애오욕, 이거죠?"

서연이가 쑥스러워하며 대답했다.

"하하하. 희노애락이 아니라, 희노애구애오욕(喜怒哀懼愛惡欲)이야. 희, 기쁨, 노, 노여움, 애, 슬픔, 구, 두려움, 애, 사랑, 오, 미움, 욕, 욕망, 이렇게 일곱 가지 사람의 자연적 감정. 그럼 사단과 칠정이 뭔지는 알고 있으니 다음 이야기를 해도 되겠지?"

미영이가 서연이 눈을 들여다봤다. 서연이가 고개를 끄덕였다. 가볍게 웃더니 미영이가 이야기를 시작했다.

"아까 말했던 퇴계 이황은 사단과 칠정이 모두 감정이라는 점에서는 같지만, 사단은 완전히 선한 감정이니까 리(理)에 속하고 칠정은 선악이 결정되어 있지 않은 감정이니까 기(氣)에 속한다고 봤어. 퇴계는 사단은 리가 발한 것, 칠정은 기가 발한 것이라 한 거지."

발(發)하다는 표현을 서연이가 알 것 같지 않아 나도 한마디 덧붙였다.

"발했다는 건 그게 드러났다는 거? 그런 정도의 의미로 생각하면 돼."

서연이가 알겠다는 듯이 또다시 고개를 끄덕이더니 어서 이야기를 계속하라는 듯 미영이를 바라보았다.

"그런데 퇴계보다 36년 늦게 태어난 율곡 이이는 이런 퇴계의 설명에 문제가 있다고 보았어. 율곡은 리가 원리니까 이건 기처럼 운동하는 건 아니라고 봤거든. 운동을 안 하니까 발할 수도 없다는 거지. 율곡의 생각은, 기는 운동하지만 리는 운동할 수 없다, 이거였던 거야. 그러니 율곡으로서는 퇴계의 이발설에 대해 비판적일 수밖에. 운동할 수 없는데 어떻게 발하냐는 거지."

퇴계가 사단과 칠정을 리와 기로 구분하는 데 치중했다면, 기는 운동하지만 리는 운동할 수 없다는 것을 가지고 율곡은 퇴계 이발설의 문제를 지적했다. 퇴계로서는 리와 기를 마음과 본성의 문제에 국한시켜 말한 반면, 율곡은 리와 기에 대한 규정을 들어 퇴계 설을 비판한 것이다. 같은 리와 기를 말하고 있지만 사실 두 사람이 생각한 리와 기는 다른 것이었다. 퇴계가 주로 인간의 마음에 초점을 맞추어 리와 기를 이해하고 있다면 율곡은 리와 기를 존재의 문제로 이해하려고 했다고 할까.

"아, 그러니까 퇴계와 율곡은 견해가 달랐네요? 그럼 정약용은요?"

서연이가 미영이에게 물었다.

"아까도 말했지만 정약용의 주장은《천주실의》의 영향을 받은 거였어.《천주실의》에서는 또 다른 관점으로 리와 기를 해석했거든. 율곡이 운동을 하느냐 안 하느냐를 가지고 리와 기를 설명했다고 했지?《천주실의》에서는 자립성을 가지고 판단했어. 기는 자립적인 존재, 리는 그 자립적인 존재의 속성, 이렇게 이해했던 거야. 성리학에서 최고의 존재 원리였던 리가 기의 속성으로 전락하고 있는 거랄까?"

"전락이요?"

"전락이지. 전락이라는 게 전보다 나쁜 상태로 떨어지는 거잖아? 리가 단지 기의 속성이라면 운동의 주체는 기 아니겠어? 그러니 기발은 성립하지만 리발이라는 건

있을 수가 없는 거지. 움직이는 것은 주체일 뿐, 속성은 그 주체를 따라가야만 하니까. 성기학이 아니라 성리학이라 부를 정로도 리가 중요한데, 그 리가 기의 속성일 뿐이라고 하니까 이건 전략이라고 해도 무방한 거지."

"정리하자면 《천주실의》와 율곡의 리기관이 서로 다르기는 하지만, 운동하는 것을 기로 보았다는 점, 또 리발을 인정하지 않았다는 점에서는 동일한 거였어. 자, 그럼 다시 이벽으로 돌아가자. 정약용과 천주교 이야기를 하려면 이벽에서부터 출발해야 하니까."

이야기가 옆으로 샌 것 같아 내가 잠시 말을 끊었다. 미영이가 미소를 짓더니 이야기를 시작했다.

"정약용의 형수, 그러니까 이벽의 누나를 제사 지내려고 사람들이 마재에 모이는 자리가 있었어. 바로 그 마재에서 배를 타고 가는 길이었어. 정약용과 그 형제들과 이벽과 하여튼 많은 사람들이 제사를 마치고 가는 길이었지. 그런데 그 배 안에서 이벽이 천주교에 대한 이야기를 하게 돼. 제사를 마치고 가는 사람들에게, 죽음과 죽음 이후의 세계에 대한 문제를 꺼낸 거지."

"이벽은 우리나라 천주교 교회사에서도 매우 중요한 인물이야. 경기도 광주의 천진암에 가면 천주교에서 대성당을 짓고 있어, 한국 천주교의 발상지라고, 오래전에 시작했지만 성당 건축은 아직도 진행 중이고. 아마 100년 계획이라지? 거기 초입에 광암성당이라고 이벽을 기리는 성당도 지어 놓았어."

나도 한마디 거들었다.

"천진암이 천주교의 발상지였어요?"

"응, 그렇게들 말해. 이벽 등이 모여 처음으로 천주교 관련 강학회를 연 곳이 천진암이래. 거기 주어사라는 절에서 강독회를 했다고 하지. 그러고 보니 천진암 갔던 생각이 나네. 달중이 너, 기억나?"

"언니랑 오빠는 천진암도 가 봤어요?"

"응, 거기 갔다가 하루 종일 달중이가 투덜대는 바람에 머리 좀 아팠지."

"왜요? 오빠가 왜 투덜댔어요?"

"참, 너도. 내가 뭘 투덜댔다고 그래? 너무 성역화에만 초점을 맞춰 과거를 왜곡하니까 그랬지."

가볍게 말하긴 했지만, 사실 내가 강조하고 싶은 것이긴 했다.

"그게 무슨 말이에요?"

"천진암 안내판 곳곳에 그런 이야기를 써 놓았어. 거기서 정약용이 이벽 등과 함께 《천주실의》를 공부했다고."

"아, 강학회를 했다는 거네요, 천주교 책으로?"

글쎄, 과연 그랬을까?

"나는 그렇게 생각하지 않거든. 정약용이 그때 벌써 《천주실의》를 읽었다고 보기는 어렵다는 거야."

"왜요?"

"천진암의 주어사 강학회는 1779년의 일이야. 마재에서 배를 타고 오다가 이벽이 천주교 이야기를 한 것은 1784년의 일이고. 우리나라 최초로 영세를 받았던 이승훈이 북경에서 세례를 받고 돌아온 것은 1783년, 정약용 형제들이 천주교 이야기를 들은 것은 1784년, 그러니까 1779년의 천진암 주어사 강독회는 천주교를 소개 받기 전이니까 그때는 천주교 관련책이 아닌 유학의 수양서를 읽지 않았을까 하는 게 내 생각이야."

서연이가 헷갈리지 않도록 종이에 1779, 1783, 1784를 차례로 적어 가며 내가 말했다.

"그러네, 정말. 천주교를 소개 받기도 전에 천주교 관련 책을 먼저 읽었다는 건 좀 이상하네요."

"가능성은 두 가지야. 주어사 강학회에서 천주교 책을 읽지 않았거나, 정약용이 그 일에 대해 교묘하게 말을 하고 있거나."

"오빠는 주어사 강학회에서 천주교 책을 읽은 건 아니라고 보는 거고요? 그럼 천주교 측에서는 그걸 몰랐다는 거예요?"

서연이가 허리를 곧게 세우며 내게 물었다.

"아니, 그건 아니야. 주어사 강학회에서 천주교 관련 책을 읽었다는 천주교의 주장에도 근거는 있어. 다블뤼 신부의 기록이 그것이지."

"다블뤼 신부요?"

"응, 프랑스 사람인데 서른도 안 되어 우리나라에 왔다가 마흔여덟의 나이로 순교한 분이지. 충북 제천에 가면 배론 성지라고 있는데 이분이 그곳에 한국 최초의 신학교를 설립하기도 했어, 순교 당하기 1년 전에."

서연이의 질문에 미영이가 대답했다. 그러고 보니 배론 성지도 미영이랑 같이 가 봤구나.

"다블뤼 신부는 조선에 20년간 살면서 조선을 선교하셨던 분인데, 이분이 초기 조선 천주교 전래라든가 박해에 관한 자료를 파리로 보낸 게 있어. 그런 자료들을 바탕으로 달레 신부란 분이 쓰신 《조선 교회사》라는 책이 있는데 이 책에 이런 초기 조선 천주교의 역사가 나와 있거든. 천주교 측에서 천진암 대성당 공사 현장에 그런 게시판을 만든 것도 다 이런 문헌 증거가 있기 때문이지."

내 말을 듣던 서연이가 고개를 갸웃거리며 말했다.

"어, 그럼 달레 신부의 《조선 교회사》가 오히려 정약용의 천주교 관련을 증명하는 거 아닌가요? 천진암 주어사 강학회에서 천주교 관련 책을 읽었다는 거잖아요?"

예상한 질문이었다. 내가 천천히 물었다.

"얼핏 그런 생각이 들지? 그런데 말이야, 이 책은 정약용이 죽고 나서도 한참 지나서야 쓰여진 책이거든. 일흔 살도 넘게 산 정약용이 죽고 나서도 무려 30년이나 지난 후에 쓰여진 책이란 말이야. 그 책이 다산의 열일곱 살 적 이야기, 거의 7, 80년 전 이야기를 정확하게 전할 수 있을까?"

"아, 시차가 좀 있네요."

"그럼, 시차가 있지. 다블뤼 신부는 1818년에 태어났고, 1846년에야 우리나라에 들어와. 정약용이 죽고 나서도 10년쯤 지나서 조선에 온 거지."

"게다가 다블뤼 신부는 천주교 사제잖아. 너도 알다시피 조선의 천주교는 자생적으로 생겨났어, 외부로부터 전파된 게 아니라. 선교사가 오기도 전에 사람들이 책을 읽으면서 스스로 신앙을 가지게 되었고, 그 다음 단계로 북경으로 사람을 보내 영세를 받게 하고, 중국에서 신부를 모셔 오게 되는, 이런 놀라운 과정을 거치잖아. 스스로 생겨난 조선의 천주교회사가 천주교 사제 입장에서는 얼마나 감동적이었겠니? 선교사의 도움 없이 스스로 천주를 알아간 그 과정 자체가 천주의 은혜라고 생각하지 않았을까? 조선에서 선교했던 다블뤼 신부도, 파리에서 자료를 받아 본 달레 신부도, 모두 크게 감명을 받았을 거야."

"그러니까 오빠 이야기는《조선 교회사》가 신빙성이 떨어진다는 건가요? 크게 감명 받은 나머지 사실을 확대 왜곡했을 거라는?"

서연이가 정리를 원하는 눈치다.

"물론《조선 교회사》전체에 대한 이야기는 아니야. 그렇지만 적어도 천진암 강독회 부분만큼은 난 확대 해석이라고 봐. 다블뤼 신부가 보낸 1차 자료를 바탕으로 달레 신부가 쓴 2차 저술이라는 점도 마음에 많이 걸리고."

"달중아, 달중아. 서연이는 아직 배우고 있는 학생인데, 지금 이런 이야기는 좀 센 거 아니야?"

미영이가 웃으며 말했다.

"나는 정약용이 성리학을 극복하려고 했을 때 거기에 분명히《천주실의》의 내용이 있었다고는 생각해. 내가 늘 말하잖아, 정약용 유학에《천주실의》가 기여한 바가 분명히 있다고. 아까《중용강의》도 그렇고. 다만 내가 걱정하는 건, 더 많은 연구를 통해 결론 내려야 할 부분에 대해서 성역화 사업이 너무 앞서가지 않았나 하는 거야."

내심, 내가 너무 진지했나 싶기도 했지만, 어쨌든 마무리는 필요하니까.

"그렇지만 그건 의견이 분분한 문제잖아. 종교적 문제까지 연결되는 민감한 부분이고. 게다가 서연이는 처음 듣는 이야기일 텐데. 좀 살살해, 살살."

미영이가 빙긋 웃으며 타박을 준다. 이럴 땐 머쓱한 표정을 짓고 그냥 다음으로 넘어가는 게 낫다.

"서연아. 원래 공부하는 사람들은 저런 이야기에 대해 자신의 주장을 논리적으로 검토해 보려는 습관이 있어. 자신의 견해와 다르면 비판적으로 다시 생각해 보려고 하고. 나도 달중이와 비슷한 생각이지만, 하여튼 이 문제에 대해서는 다른 사람들의 의견도 잘 들어 봐."

서연이가 걱정됐는지 미영이는 서연이에게도 당부를 잊지 않았다.

"알겠어요. 그럼 다시 이벽 이야기 좀 해 주세요."

"맞다, 이벽 이야기를 하던 중이었지? 이벽은 아주 비상했던 사람이었어. 아버지는 무관 출신인 이부만이라는 사람이었는데 똑똑한 아들에 대해 기대가 아주 컸어. 그런데 이벽이 책을 통해 천주교에 깊이 빠져들게 되자 부자 간에 갈등이 생겨났어. 이부만은 이벽의 마음을 돌리려고 여러 가지로 노력을 해. 야단도 치고 책도 태우고,

뭐 그런 과정. 그래도 이벽이 다시 천주교로 다가가자 끝내는 스스로 목을 매. 사교(邪教)에 빠진 아들 때문에 조상 볼 낯이 없다며 자결을 한 거지."

"아, 끔찍해. 너무 극단적이네요."

미영이의 이야기를 듣던 서연이가 약하게 몸서리를 쳤다.

"이벽은 천주교의 영향을 받았지만 그래도 기본적으로는 유교 국가에서 태어난 사람이잖아. 충과 효가 얼마나 소중한 가치인지 잘 아는. 그런 사람이 그런 일을 당했으니……. 아버지를 죽음으로 내몬 자신을 비관하며 마침내 배교하게 되지. 천주교를 부인한 거야. 내가 아버지를 죽음에 이르게 했다, 나는 불효자다, 이런 자책감에 얼마나 괴로웠겠어? 결국 이벽은 1786년에 페스트로 죽게 돼. 서른둘밖에 안 됐는데."

"어, 순교한 게 아니고요?"

이 무슨 반전이냐는 듯이 서연이가 눈을 동그랗게 떴다.

"기록상으로 보면 이벽은 배교한 상태에서 죽었으니 천주교 신자가 아닌 상태에서 생을 마감한 걸로 봐야 해. 그러나 그가 한국 천주교를 개척했다고 해도 과언이 아닐 정도로 천주교회사에는 공이 크지. 조선의 천주교가 자생적으로 생겨났다고 했지? 책을 통해서. 그게 이벽으로부터 시작되거든. 우리나라에서 처음 천주교 신앙을 받아들인 것도 이벽이고, 이승훈을 북경으로 보내 우리나라 최초로 영세를 받게 한 것도 이벽이고, 이승훈에게 성물과 성상을 구해 오게 한 것도 이벽이거든. 이승훈이 영세를 받고 귀국한 후 천주교가 많이 퍼졌잖아. 천주교에서도 창립 5조(祖)에 이벽을 포함시키고 있어."

그랬던 이벽이 정작 죽을 때는 배교한 상태였다니 이것도 아이러니다.

"그런데 1786년이면 정약용 형제들에게 천주교 이야기를 한 지 겨우 2년이 지난 때네요? 마재에서 배를 타고 오다가 천주교를 소개했다고 한 게 1784년이니까요."

아까 내가 썼던 종이 위의 숫자를 손가락으로 짚으며 서연이가 말했다.

"그렇지, 겨우 2, 3년 만에 이벽이 죽었지."

"1783년에 이승훈이 북경에 가서 영세를 받고 왔다고 했지? 조선으로 돌아온 이승훈이 다른 사람들에게 다시 영세를 주게 되고, 그러면서 천주교 교세가 급격히 확장되었어. 물론 이때 전교의 공이 큰 사람도 역시 이벽이었지"

내가 종이 위의 '1783'을 가리키며 말했다.

"권철신, 권일신이 사는 경기도 여주로 가 그들 집에 머무르면서 권일신을 입교시킨 건 당시로도 아주 큰일이었어. 권철신은 당대의 명망 있는 학자였거든. 정약용의 형 손암 정약전이 권철신의 제자잖아. 또 권일신은 안정복의 사위였고."

"안정복이라면 《동사강목》을 지은 그 사람이요? 신기하다, 학교에서 배운 게 다 이렇게 연결되다니."

미영이의 말에 서연이가 기쁨에 찬 목소리로 말했다. 맞아, 저런 때가 오지. 편린으로 만난 것들이 서로 연결되며 큰 그림으로 다가오는 가슴 벅찬 그런 때. 앎의 희열이 어느 순간 가슴을 가득 채우게 되는 저런 때.

"맞아, 《동사강목》은 조선 후기의 대표적인 역사서지. 그런 대학자 안정복의 사위였던 권일신이 천주교 신자가 되자 그 반향이 매우 컸어. 입교는 안했지만 권철신도 이벽을 통해서 천주교 관련 책을 읽어 본 것 같기는 해."

미영이도 흐뭇한 목소리로 대답했다.

"참, 1779년 주어사 강독회는 권철신이 주관했던 행사였어. 1784년에야 이벽이 권일신에게 천주교를 전했다는 걸 보면 역시 주어사 강독회에서 《천주실의》를 읽었다는 주장은 문제가 있지?"

이 점은 꼭 짚고 넘어가야지 싶어 얼른 한마디 덧붙

였다.

“달중아, 그 얘긴 이제 패스! 자, 이때가 1784년이라 했지?”

“그래, 그래. 1785년에는 을사추조적발사건이 일어나. 을사년에 있었던 천주교 적발 사건인데, 이때부터 사실상 천주교 탄압이 시작되었어. 서울 명례방의 김범우라는 사람 집에서 열린 천주교 집회가 발각되어 김범우가 체포되고 매 맞아 죽는 일이 생기거든. 마침내 천주교 때문에 죽는 사람도 생겨나기 시작한 거야. 이때 모였던 사람들이 바로 이승훈, 권일신, 이벽, 그리고 정약전과 정약용이었어.”

“아, 정약용도요?”

서연이가 깜짝 놀랐다.

“1784년에 이벽으로부터 천주교 이야기를 들었는데 1785년에는 집회에 참석했다 발각되었으니 이때는 정약용도 사실상 천주교 신자였던 거 아닐까? 1787년에는 성균관이 있던 반촌에서 천주교 공부를 하다가 발각된 일도 있었거든. 그러니까 1785년의 집회 참석이 일회적인 일은 아니라고 볼 수 있지.”

종이 위 ‘1784’ 다음에 ‘1785’와 ‘1787’을 적어 넣으며 내가 말했다.

"김범우 이야기 잠깐 하고 가자. 한국 천주교회사에서 최초의 순교자를 꼽을 때 진산사건의 윤지충과 권상연을 말하는 사람도 있지만, 연대 상으로는 김범우가 가장 이른 시기의 순교자야. 진산사건은 나중에 다시 설명하기로 하고 일단 김범우. 김범우는 역관이어서 신분이 낮았지만 재력은 있었지. 그래서 명례방에 있는 그의 넓은 집에서 미사를 드리곤 했는데 그게 발각되어 장살되게 돼. 양반가 자제인 정약용, 정약전, 이승훈 등은 모두 풀려나는데, 역관이었던 김범우만 죽은 거지. 내가 보기에 한국 천주교회사 최초의 순교자는 김범우야, 김범우."

이건 미영이가 늘 강조하는 바이다.

"양반은 빼고 중인만 처벌한 거지."

"하여튼 이 일로 남인 내부에 위기의식이 생겨나. 을사추조적발사건에 연루된 사람들이 모두 남인이잖아. 이러다가는 큰일 나겠다, 겨우 남인의 숨통이 트이나 했는데 저 철딱서니 없는 젊은이들 때문에 남인의 앞날에 다시 먹구름이 드리우는구나, 뭐 이런 생각을 했겠지."

"남인 내부의 위기의식 때문에 남인 스스로 자제시키는 분위기는 있었지만 그러나 천주교 교세 자체는 점점 확장돼. 충청도 내포 지방의 이존창 같은 사람은 인품도 훌륭한 사람이었는데 그가 천주교를 믿게 되니 그를 존경하고 따르던 사람들이 모두 같이 천주교를 믿게 되고. 정약용이 이존창을 체포하기는 했지만."

"정약용이 이존창을 체포하다니요?"

좀 복잡하게 느꼈는지 서연이가 조그맣게 한숨을 쉬며 물었다.

"전에, 정약용이 금정 찰방으로 좌천된 적이 있었다고 했었지? 그게 1795년의 일이야. 그때 정조가 정약용을 거기로 보낸 데에는, 그 지역이 천주교가 강한 지역이니까 정약용이 그걸 좀 무마시키면 정약용을 천주교와 엮어서 반대하던 사람들에게 뭔가를 보여 줄 수 있지 않겠나 하는 생각도 있었던 것 같아. 그런데 정말 정약용이 거기서 이존창을 잡는 데 공을 세우게 된 거야. 정조는 이 부분을 부각시켜서 정약용을 다시 조정으로 불러오고 싶어 했지만 정작 정약용 자신은 뒤로 뺐어. 자신의 공은 크지 않다고."

"뭐, 정약용의 공이 실제로 크지 않았을 수도 있지만, 스스로 민망했을 수도 있지 않겠어? 십 년 전까지만 해도 자신이 신앙하던 천주교였잖아. 그런데 단지 천주교 신자라는 이유로 이존창을 잡아들여야 했고, 거기에 자기가 큰 역할을 했으니 곤혹스럽기도 했을 거야."

"그럼 1783년 이승훈 영세, 1784년 정약용 정약전 전교, 1785년 을사추조적발사건, 1786년 이벽의 죽음, 1795년 이존창 체포, 이렇게 되는 거네요?"

종이 위 숫자들에 동그라미를 쳐가며 서연이가 말했다.

"아, 진산사건이 빠졌다. 1791년의 일인데, 이 사건도 중요해. 아까, 최초의 순교자를 꼽을 때 진산사건 윤지충과 권상연을 꼽는 사람도 있다고 했지? 미영이는 김범우를 꼽지만."

미영이를 슬쩍 쳐다보았다. 내 말이 옳다는 듯 미영이는 어깨를 한번 으쓱했다. 나는 이야기를 이어나갔다.

"1791년 전라도 진산에 살던 진사 윤지충이 모친상을 당해. 그런데 천주교를 믿던 윤지충은 신주를 불사르고 제사도 지내지 않지. 그의 외사촌 권상연도 제사를 지내지 않겠다며 제사를 거둬 버리고. 유교 국가인 조선에서는 효를 부정하는 것이 곧 충을 부정하는 것이 되잖아? 두 사람은 체포되고, 결국 죽임을 당해. 두 명의 순교자가 또 생긴 거지."

내가 '1786'과 '1795' 사이에 '1791'을 적어 넣으며 말했다.

"제사를 거부했다고요?"

"이 일을 기화로 천주교에 대한 부정적 인식이 팽배

해졌어. 부모를 몰라본다 이거지. 국가의 근간을 흔들 수 있다는 위기감 때문에 이제 나라에서도 천주교를 사교로 규정하기 시작했어. 이존창 같은 천주교도들을 붙잡아 문초하는 일도 이런 맥락인 거지. 이존창 체포가 진산사건보다 뒤인 1795년의 일이잖아."

"이 일로 권일신, 이승훈 같은 사람들이 고초를 겪게 되는데, 문제는 그 윤지충이 정약용의 외사촌이었다는 거야. 정약용도 천주교 문제가 불거질 때마다 정적들의 공격을 받게 돼."

미영이가 주스를 한 모금 마시자 서연이도 따라 마셨다. 이야기는 길고 목은 말랐다.

"알고 보면 정약용 집안이 천주교에선 명문가야. 바로 위의 형 정약종은 굳건한 신앙인으로 살다가 순교를 했고, 나중에는 정약종의 아들 정철상과 정하상, 며느리, 딸까지 온 집안이 모두 순교를 하거든. 한국 천주교회사에서 아주 비중 있는 순교자의 집안인 거지. 지금 정약종은 천주교 창립조 5인 중 한 명으로 추증되고 있어."

"백서사건을 일으켰던 황사영도 조카사위잖아. 정약종에, 윤지충에, 황사영에, 아, 이승훈도. 이승훈은 정약용의 매형이었거든. 이렇게 온 집안이 천주교 문제에 연루되어 있으니 정약용의 벼슬살이가 평탄할 수가 있었겠니?"

"백서사건이라니요? 황사영도 처음 들어요."

서연이가 민망하다는 표정으로 말했다. 모를 수도 있지, 뭐. 이런 내용은 대학생들도 잘 모르는데. 게다가 서연이는 고등학생이잖아.

"황사영은 정약용의 형 정약현의 사위였어. 열여섯에 진사 시험에 급제할 정도의 수재였는데, 1795년 중국에서 온 주문모 신부와 만난 이후 천주교 신자가 되었지. 신유박해 때 이 사람도 도망을 다녔는데 제천 배론에 숨어 있다가 결국은 체포되어 능지처참을 당하게 돼. 배론은 다블뤼 신부 이야기 때 나왔지?"

서연이가 민망해하지 않아도 괜찮다는 듯이 미영이 목소리가 한결 부드러워졌다.

"예, 최초의 신학교를 세웠다는 곳이지요? 황사영이 숨어 있다가 잡혀 순교한 의미 있는 곳에 신학교를 세운 거네요, 지금 보니?"

"응. 황사영은 1801년 1월 신유박해를 목격한 후 신유박해의 전말과 이후 조선에서의 천주교 전파 방법을 흰 비단에 써서 로마교황청에 전달하려 했어. 흰 비단에 써서, 그래서 백서야."

'로마교황청'이란 말이 나오니 서연이 눈이 커졌다.

"조선에서 천주교가 위기에 처하니까 외부의 힘을

빌리려 한 거지. 천주교 문제니까 로마교황청에 도움을 청한 거야. 꽤 긴 편지인데 거기에 보면 신유박해 상황이 자세히 나와 있어."

"문제는 천주교 재건 방안이라고 내놓은 것들이 너무 과격했다는 거야. 예를 들면 서양에서 대박을, 그러니까 큰 배를 보내서 무력시위를 해 주면 조선 정부가 천주교를 인정할 것이라고 생각했다는 거. 다른 나라더러 너희가 와서 조선을 협박하고 굴복시켜라, 이건 좀 그렇잖아, 그래도 조선이 주권국가인데 말이야. 이 편지가 중국으로 전달되는 과정에서 검문에 걸려 발각이 되었는데 편지 내용 때문에 사람들이 황사영의 편지를 흉서로 여기게 되고 이후로 천주교에 대한 시선도 아주 싸늘하게 바뀌게 됐어."

어느새 서연이가 고개를 끄덕이고 있다.

"1801년 1월 이후의 박해 과정을 황사영 백서가 잘 보여 주고는 있지만, 결국 그 편지가 발각되는 바람에 그 해 11월에 다시 박해가 일어나게 되고, 무서운 피바람이 불게 되지. 정약용도 1월에 경상도 장기로 유배된 상태였는데 백서사건으로 서울로 압송되었다가 11월에 강진으로 다시 유배를 가게 되었어. 이게 모두 신유년의 일이야."

"그런데 좀 이상해요. 진산사건 때문에 이제 나라에

서도 천주교를 억압하게 되었다는 건데, 진산사건의 문제는 제사를 지내지 않고 신주를 불태워 버린 거잖아요?"

조금 전까지 고개를 끄덕이던 서연이가 그새 의아한 표정으로 물었다.

"그렇지."

"그런데 지금 우리나라 천주교 신자들은 제사를 지내잖아요. 개신교라면 모를까, 천주교는 제사를 지내는데요?"

하하, 이 녀석.

"서연이가 아주 예리한데? 맞아. 지금 천주교는 제사를 허용하고 있지."

"그럼 진산사건 같은 건 왜 일어난 거예요? 천주교에서 제사를 금하는 것도 아닌데? 제사 문제 때문에 천주교를 박해한 거잖아요?"

미영이도 나와 같은 기분인지, 서연이 바라보는 눈빛에 미소가 가득하다.

"거기엔 또 이런 배경이 있어. 우리나라 천주교는 자생적으로 생겨난 거라고 했었지? 초기에는 천주교 관련 책을 보면서 스스로 공부해서 천주교의 교리를 깨닫게 되었지만 시간이 지나면서 성물이라든가 세례에 대한 갈망이 생겼어. 그래서 1783년에는 이벽이 이승훈을 북경으로 보내 영세를 받게 했고. 그런데 그 당시 중국에는 이미 천주교가 전파되어 있었거든. 마테오 리치가 1583년에 중국에 들어왔으니 이승훈이 영세 받기 200년 전에 중국에는 천주교가 들어와 있었던 거지."

"그런데 마테오 리치가 소속된 곳은 예수회라는 데야. 예수회는 천주교 신앙과 중국 전통 사상의 융합을 긍정적으로 생각하던 그룹이지. 마테오 리치는 중국을 빌려 중국을 변화시키려 했던 인물이야. 중국의 전통 사상을 인정하고 그것을 통해 선교를 시작한 거지. '하느님'이라는 호칭도 '상제'라는 말로 번역해 사용할 정도니 예수회가 얼마나 유연했는지 알 수 있겠지? 중국의 전통 사상을 존중하면서 그 바탕 위에서 천주교를 선교하려고 했던 예수회의 자세는 중국 입장에서도 크게 문제될 것이 없었어. 서양의 발달된 과학기술을 가지고 들어오면서도 제사 문제를 비롯한 중국 전통문화에 대해서 별다른 제동을 걸지 않았고."

"그런데 천주교에도 원리주의자들이 있었어. 도미니크파라든가 프란체스코파는 제사를 용인하는 것은 영합주의라고 비판했어. 중국 전통 사상을 존중한다는 핑계로 제사를 묵인할 순 없다는 거지. 예수회와 원리주의자 간의 제사 논쟁은 17세기부터 있어 왔는데 18세기에는 예수회의 입지가 좁아지면서 원리주의자들이 힘을 얻게 돼. 조선의 제사 문제는 바로 이런 원리주의자들의 입장과 관련이 있어."

서연이가 이해했을까?

"아까 진산사건이 1791년이라고 했지? 윤지충이 제사를 거부한 배경이 뭐겠어?"

"예수회의 입장은 아니겠네요? 예수회는 제사를 허용했다니까."

"그렇지. 진산사건이 일어나기 한 해 전인 1790년에 이승훈과 권일신이 역관 윤유일을 북경으로 보내서 제사 문제에 대한 주교의 해석을 듣게 되거든. 그때 북경에서 윤유일이 만났던 구베아 주교가 제사는 우상숭배이고 하느님을 믿는 것과 배치된다고 입장을 정리해 줬어. 그 구베아 주교는 프란체스코파 소속이었거든. 그전까지는 천주교 신자들이 천주교 신앙과 제사를 대립적 관계로 보지 않았는데 이 답변 때문에 비로소 제사를 우상숭배로 보게 되고 그래서 제사를 거부하게 되니까 이 문제 때문에 이후 조선에서의 천주교 탄압이 극심해지게 되는 거지."

"그랬군요. 그런데 왜 지금은 천주교가 다시 제사를 허용하고 있어요?"

반쯤 알고 반쯤 모르는 표정으로 서연이가 물었다.

"예수회도 그랬지만 도미니크파나 프란체스코파도 사실상 천주교의 소수파였어. 이제는 교황청에서 현지화 전략을 채택하고 있기 때문에 제사 문제와도 각을 세우지는 않는 거지."

서연이가 고개를 끄덕이기 시작한다.

"아, 그렇구나. 이제 이해가 가요. 아까 이벽은 배교한 상태에서 페스트로 죽었다고 했는데 그럼 정약용은 천주교를 끝까지 믿은 건가요?"

"이 부분이야말로 의견이 분분해. 나와 미영이도 여기에 대해서는 생각이 다르거든. 나는 천주교를 버리지 않았을 거라고 봐. 정약용 당시는 성리학을 극복하는 데 천주교가 영향을 미쳤다고 했었지? 사실 천주교가 뭐 그리 나쁜 거야? 정약용도 그렇게 생각하지 않았을까? 그리고 젊은 날에 자신이 매료되었던 사상을 완전히 버리기란 쉽지 않거든. 발설하지는 못했겠지만 천주교를 마음에서조차 지운 건 아니라고 봐, 나는."

단숨에 대답해 버렸다. 이 부분은 미영이와도 늘 논쟁하는 부분이다.

"나는 달중이랑 생각이 달라. 〈변방동부승지소〉에서 밝힌 것이 천주교에 대한 정약용의 본심이었다고 봐. 한때는 천주교에 매혹되었으나 이제는 아니다, 이렇게 임금에게 밝힌 그대로 봐야 한다는 거지. 거기에 이런 구절이 있어. '짐승이 된 것을 아시고는 사람이 되게 할 것을 생각하셨으며, 죽게 된 것을 아시고는 살게 할 것을 생각하시어 돌봐 주시고 바라시니, 우리 부모가 아니면 누가 이와 같이 하겠습니까'라는 구절. 천주교 때문에 곤경에 처했던 자신에게 번번이 바람막이가 되어 줬던 정조에 대한 감사를 서술한 부분인데, 아무리 임금 앞의 의례적인 글이라 해도 천주교 신자였던 자신을 짐승 운운하며 이렇게까지 말하진 못했을 거야. 평소의 정약용 모습을 생각해 봐. 아주 곧고 강직하잖아. 그 강직한 사람이 임금 앞이라 해도 자신의 본심을 이렇게 철저히 숨겼을까? 나는 그렇지 않다고 봐. 이 고백이 정약용의 진심이고 본심이라고 보는 거지."

미영이가 늘 말하는 대로다.

"물론 정약용을 요한이라고 부르면서 천주교 성인에까지 올리려는 지금의 천주교 측 입장에는 나도 반대야. 내가 보기에 그건 엄정한 사실관계에 기반하지 않은 채 정약용의 이름값에 편승하려는 것으로밖에 안 보여. 성인의 반열에 들 만큼 초기 천주교회사에서 그 역할이 컸다거나 신앙이 독실했다고 보긴 어렵고 그냥 마음속에서 천주교를 지운 것은 아니다, 이 정도랄까?"

"형 정약종이 순교를 했고, 둘째 형 정약전의 스승인 권철신도 천주교 때문에 죽은 게 사실이지만, 내가 보기에 정약용은 한결같은 천주교 신자는 아니었던 것 같아. 시대를 개혁하려는 방법으로 젊은 날 천주교를 접했지만 제사 문제가 불거지면서 정약용은 천주교를 떠난 듯해. 그 역시 유학자였잖아."

"그럼, 정약용은 천주교를 받아들였던 적이 있는 건 확실하지만 그 이후에 대해서는 언니와 오빠가 의견이 다른 거네요."

서연이가 계속 정리를 하며 듣고 있었다. 정보량이 많으니 이렇게 하는 것이 낫긴 하겠다.

"하지만 이 점은 알아 둬야 해. 정약용 역시 유자였다는 거. 그가 천주교를 신앙으로 끝까지 인정한 거든 아니든 정약용의 기본 입장은 유학자였다는 거."

"그 점엔 나도 동의해. 정약용은 수기가 반이고 목민이 반이라고 생각했던 사람이야. 자신을 수양하는 것과 백성을 잘 다스리는 것을 강조하는 게 딱 유자잖아. 서연이 너에게 천주교 이야기를 이렇게 길게 한 건 천주교와의 관련성 때문에 정약용의 삶의 방향이 달라졌기 때문이야. 그렇지만 천주교 이야기를 너무 길게 하면 오히려 서연이 네가 정약용을 천주교와 연결시켜서만 생각하게 되는 거 아닐까 하는 걱정도 있어."

사실 이 부분은 걱정이었다. 정약용이 천주교와 떼려야 뗄 수 없는 사람이긴 하지만.

"무슨 이야긴지 알겠어요. 정약용을 잘 이해하기 위해서 천주교 관련 부분을 설명해 준 거라는 거죠? 그런데 수기와 목민이 반반이라는 건 구체적으로 무슨 이야기예요?"

이야기가 끝나 간다고 생각했는데 다시 질문이다. 이 녀석, 지치지도 않는구나.

"서연이 너는 피곤하지도 않니? 어쩌면 그렇게 줄기차게 계속해서 정약용 이야기만 물어보니? 대학 생활이라든가 서울의 삶이라든가 이 부근 맛집이라든가, 뭐 이런 거에는 관심이 없어?"

미영이도 나와 같은 생각이었나 보다.

"하하. 관심이 없긴요, 무지 궁금하죠. 그렇지만 바로 다음 주 주말에 아빠랑 강진에 가기로 했기 때문에 당분간은 정약용에 대한 이야기를 듣는 게 제게는 중요한 일이어서 그래요."

"다음 주에 강진 가니?"

놀란 눈으로 미영이가 물었다.

"예, 아빠가 주말에 시간을 내실 수 있대요."

"서연아, 그런데 전부터 참 궁금했어. 너는 왜 정약용에 그렇게 관심이 많아? 네 또래 아이들은 이승기나 박태환, 뭐 이런 연예인이나 스포츠 스타에게 관심을 갖는 게 더 일반적인 거 아니야? 아, 서연이는 예비 음악도지? 그럼, 랑랑이라든가 손열음에 열광하는 걸로 정정하자."

이전 두 번의 만남에서도 나는 이 점이 참 궁금했다.

"제 얘기는 자세히 안했나요? 미영 언니랑은 통화하면서 이야기했는데."

"아, 달중이에게 그런 이야기는 안했어, 네가 직접 말하면 몰라도."

미영이가 주스 컵을 자기 앞으로 당기며 말했다.

"제가 아홉 살 때 저희 엄마가 돌아가셨거든요. 그런데 우연히 알게 됐죠, 정약용도 아홉 살에 엄마가 돌아가셨다는걸."

그랬구나. 서연이는 정약용에게서 정서적 유대감을 느끼고 있었던 것이다.

"그랬어? 그게 아홉 살이었구나."

"네. 그래서 정약용에 대해 남다른 동질감이랄까, 뭐 그런 게 생겼어요. 게다가 아빠가 우연히 작은 모형 배를 주워 오셨어요. 저희 아빠가 건설회사 현장 소장님이라고 이야기했나요? 춘천 아포리라는 곳에서 아빠가 현장 근무를 하시거든요. 그런데 거기서 우연히 작은 모형 배를 발견했어요. 한자로 '열수'라고 적혀 있는."

"열수라고?"

미영이도 나도 깜짝 놀랐다.

"열수라는 말을 아는 사람이 별로 없잖아요. 아빠가 잘 아시는 교수님이 열수가 정약용과 관련이 있다고 말씀해 주셨을 때 굉장히 흥분되고 그랬어요. 나랑 아홉 살도 겹치는데 이런 배를 다른 사람도 아닌 우리 아빠가 발견하다니. 언니 오빠는 이상하게 들을지 모르겠지만 제게는 정약용이 아주 가까운 사람처럼 느껴졌어요. 살아가는 시대는 다르지만 뭔가 비슷한 면이 많다는 그런 느낌. 그래서 마재에도 가고, 화성에도 가고, 다음 주에 강진에도 가는 거예요."

"에고, 서연아, 그 열수라고 적힌 배는……."

미영이가 이야기를 꺼냈으나 서연이는 자기 말을 이어나갔다.

"아, 그 배요? 저도 처음에는 정약용이 북한강 여행을 하면서 춘천에 들렀을 때 만든 배가 땅속에 묻혀 있다가 우연히 우리 아빠에게 발견된 게 아닌가 하고 들떴어요. 아포리가 강변이거든요. 그런데 그건 너무 소설 같은 이야기고요, 지금은 그렇게 생각 안해요. 그냥 누군가 정약용을 아는 사람이 만든 모형 배를 아빠가 주운 거구나, 이렇게 생각하고 있어요. 그게 더 현실적인 답이기도 하고. 사실 그 배에 대해서는 이제 별다른 느낌도 없어요. 그 배 덕분에 정약용에 대해 제가 더 적극적으로 공부하게 된 정도의 의미만 있다고 생각해요. 그 배는 제 서랍 속에 잘 간직하고 있지만요."

그렇구나. 그렇다면 더 이상 말하지 않는 게 좋을 수도 있겠구나. 미영이도 같은 생각을 했는지 나를 잠시 쳐다보다가 입을 다물었다.

"서연아. 그럼 나도 뭔가 약한 고백을 하나 할까?"

"고백? 무슨 고백이요?"

"서연이 네가 느꼈는지 모르겠지만 나나 미영이는 한 번도 정약용을 '다산'이라고 부른 적이 없어."

"정말요? 아, 그러고 보니 늘 정약용이라고 불렀던 것 같네요."

"그랬어. 우리 둘이 이야기할 때는 정약용을 열수 선생이라고 부른단다. 마재에서 얼핏 말하긴 했는데, 다산이라는 호로 정약용이 많이 알려져 있긴 하지만 우리는 정약용의 일생이 다산이라는 호와 완전히 겹치는 건 아니라고 생각하거든."

"실제로 정약용은 40세부터 57세까지 18년 동안만

강진에 있었고 기록을 봐도 자기 스스로를 다산이라고 부른 적이 많지 않거든. 그나마 다산초당에도 10년밖에 머물지 않았고. 물론 강진 시절에 많은 책을 저술하기는 했지만 말이야. 정약용은 오히려 열수라든가 사암이라는 호를 더 즐겨 썼어. 후손들도 그의 연보를 정리하면서 '사암연보'라고 했잖아, '다산연보'가 아니라."

서연이가 나와 미영이를 번갈아 바라보았다.

"그래서 우린 생각했지. 어차피 호라는 건 여러 개를 쓸 수 있다, 하지만 그 사람 스스로가 어떤 호로 불리고 싶어 했는가 하는 것도 중요하지 않겠나. 그래서 우린 그의 일생을 관통하고 있는 한강에 대한 그의 애정을 고려해서, 또 평소 열수로 불리고 싶어 했던 그의 바람을 생각해서 열수 정약용 선생으로 부르는 것이 좋겠다고 본 거야. 그래서 우리 사이에선 열수 선생으로 통해, 정약용이."

'쪼로록' 소리가 나도록 주스를 끝까지 마신 미영이가 빨대에서 입을 떼며 말했다.

"하지만 다산이라는 호가 워낙 잘 알려져 있어서 열수라는 말이 생경하게 들릴 순 있지. 다산이라고 하면 정약용이 딱 떠오르는데 굳이 열수라고 바꿔 불러야 하나, 뭐 이런 생각도 들더라고."

"그래서 어렵게 내린 결론. 우리는 호를 사용하지 않

기로 했어. 요즘 세상에 굳이 호로 부를 필요가 뭐 있나, 이런 거지. 그냥 정약용 선생, 이렇게 말해도 사람들이 다 아는 걸, 굳이 다산 선생이라든가 열수 선생으로 부를 게 뭐 있나, 이런 생각이랄까."

서연이가 천천히 고개를 끄덕였다.

"아, 그렇구나. 그래도 다산 선생, 열수 선생, 뭐 이런 호칭들이 운치 있게 느껴지긴 해요."

"사실 그래. 호로 부르면 그분을 높이는 느낌도 들고. 이름을 막 부르는 건 좀 버릇없게 들리기도 하잖아."

미영이가 서연이 말에 맞장구를 쳤다.

"에헤이, 그런 고정관념을 버리자니까 그러네, 하하. 사실 정약용이 '다산'이라는 호로 대중에게 널리 알려지게 된 데에는 박석무 선생의 공이 컸지."

"박석무 선생이요? 그분이 누군데요?"

"정약용 관련 연구에 공이 큰 분이야. 유신에 반대하느라, 또 광주항쟁에 참여하느라 옥고를 치르기도 했던 분이지. 나중에 14대 국회의원도 지냈고. 그분은 전남 무안 사람인데 자신의 고향과 가까운 강진에서 18년이나 귀양살이를 하면서도 놀라운 학문적 업적을 이뤄 낸 정약용에게 큰 감동을 받았나 봐. 자신도 정치적 이유로 감옥에 갇혀 괴로운 시간을 보냈는데 그 시간이 정약용의 유배와도 겹치는 느낌이었겠지."

무안에서 강진은 그리 멀지 않다.

"하여튼 그분이 정약용 선생의 여러 모습을 조명해서 알리는 바람에 사람들이 정약용을 더 잘 알게 된 것도 있어. 유명한 책도 많이 썼거든.《다산 정약용 유배지에서 만나다》라든가《유배지에서 보낸 편지》같은 책.《유배지에서 보낸 편지》의 일부는 교과서에도 실렸대."

"그분은 '다산 정약용'이라고 불렀나 보네요.《다산 정약용 유배지에서 만나다》라고 제목을 정한 거 보니. 그런데 '다산'이라는 호는 어떻게 생긴 거예요? 아까 다산초당과 관련이 있다고 얼핏 말한 것 같긴 한데."

하하, 이 녀석 좀 봐. 서연이가 제법 예리하다.

"강진으로 유배를 간 정약용은 처음에 고생을 많이 했어. 천주교도를 천주학쟁이라고 부르며 극도로 경계하던 당시 사회 분위기 탓이 컸지. 그렇게 다들 꺼리니까, 귀양을 갔는데 당장 머물 곳이 없었어. 다행히 매반가 노파가 자기 주막집 방 한 칸을 내줘서 거기서 4년을 보냈어. 매반가는 밥 파는 집이니까 요즘으로 치면 식당이지."

미영이도 나와 같은 생각을 한 건지, 웃음 띤 얼굴로 이야기한다.

"그 인정 많은 노파 덕에 주막집 한 귀퉁이에 거처를

마련하기는 했는데 손님들이 드나드는 식당 옆방에서 공부하기가 쉽지는 않았겠지? 방에서 《주역》 같은 어려운 책을 읽고 있는데 벽 너머에선 '이모, 국밥 주세요.' 이런다고 생각해 봐. 정약용을 만나러 아들이 와도 같이 누워 자기조차 어려울 정도였다니 좁기도 무척 좁았던 모양이고. 그래도 정약용은 그곳을 '사의재'라 부르면서 늘 자신을 다잡았지."

"방 이름이 '사의재'예요?"

"응. 강진에 간다니 거기도 가 볼 수 있겠다. 지금은 복원을 해 놓았거든."

"사의재라 이름 붙인 매반가 골방에서 4년을 보낸 정약용은 보은산방이라는 곳에서 또 2년을 지내. 보은산방은 고성암이라는 절의 한쪽 방이었어. 옆방에선 염불을 외며 목탁을 두드리는데 그 옆방에선 유학의 책을 읽는 유자가 살았던 거지."

몇 해 전 미영이와 보은산방 자리를 찾아갔다. 아쉽게도 정약용과 관련된 흔적은 남아 있지 않았고 그 절 사람들은 그곳에 정약용이 머물렀다는 사실조차 잘 알지 못하는 것 같았다. 말끔하게 새로 지어진 절에서 정약용의 흔적을 기대한 것이 잘못이었는지도 모른다. 다만 그 절 주지 스님이 직접 덖은 차를 대접해 주었던 기억은 난다.

절 뒤편 산에서 야생 차를 꺾어다가 직접 덖었다던, 맑고 향기로웠던 차. 그 차향이 그날의 허전함을 조금은 메워 주었던 기억.

"보은산방에서 2년을 지낸 후에는 제자인 이학래의 집으로 거처를 옮겨. 강진 시절에 제자가 거의 40명쯤 되었는데 그중에서 이학래와 황상이라는 제자가 정약용에게 큰 힘이 되었어."

"그러다가 1808년, 그러니까 유배간 지 8년 만에 드디어 다산초당으로 옮겨 가게 돼."

"다산초당이요?"

"응. 초당이 있는 곳이 만덕산인데 그 주변에 야생 차가 많이 자라고 있었대. 거의 차밭 수준이었나 봐. 그래서 초당을 짓고 다산이라는 이름을 붙여 다산초당이라는 편액을 써 붙인 거야."

그러고 보면 '다산'이라는 호는 좀 밋밋하다. 차가 많이 나는 산이라서 다산이라니, 자신의 지향과 철학을 담은 다른 문사들의 호에 비하면 건조한 느낌마저 든다.

"그런데 여기서 주의할 점. 다산초당이라는 편액을 처음 붙였던 사람은 정약용이 아니었어."

역시나. 미영이가 이 점을 짚을 줄 알았다.

"그게 무슨 말이에요? 다산초당을 짓고 거기서 공부

를 해서 많은 책을 냈고, 그래서 호가 다산인 거 아니었어요?"

"이학래의 집에 머물던 정약용을 초당으로 초대한 사람은 귤림처사라 불리는 윤단과 그의 아들 귤원처사 윤규로였어. 윤단, 윤규로 부자는 귤동마을이라는 곳에 살고 있었는데 윤단의 아버지 윤취서가 초옥을 짓고 거기에 다산초당이라는 편액을 붙였어."

"어, 언니. 그럼 '다산초당'이라는 이름은 윤취서가 지은 이름이네요?"

"그렇지. 다산초당을 지은 사람, 거기에 다산초당이라는 이름을 붙인 사람은 정약용이 아닌 거지."

"아, 그렇구나."

서연이가 천천히 고개를 끄덕였다.

"윤취서가 다산초당이라는 편액을 건 그곳에 정약용이 초대되어 간 거였는데 정약용은 그곳이 정말 마음에 들었는지, 열흘이나 묵었대. 그러고는 얼마 지나지 않아 아예 거처를 그곳으로 옮겼어."

"뭐, 그래서 우리가 다산이라는 호를 살짝 피하는 게 좋겠다고 생각하는 것도 있어. 어차피 다산초당이라는 이름도 정약용이 붙인 게 아니니까."

이해가 간다는 듯 서연이가 다시 한 번 고개를 끄덕

였다.

"하여튼 윤단 가족이 큰일을 했지. 정약용이 다산초당에 머물게 되면서 그의 제자들도 그리로 옮겨왔고 거기서 수많은 책도 저술하게 되었으니. 약간 과장하면 윤단 가족 덕분에 오늘날의 정약용이 있다고 할 수 있지 않을까?"

"우리 엄마가 윤씨였는데."

서연이가 조심스레 말했다.

"아, 그래? 우와, 서연이 너, 그럼 정약용과 겹치는 부분이 또 있는 거야. 정약용 엄마도 윤씨였거든."

"진짜요? 윤씨였어요?"

서연이의 눈이 커졌다.

"응, 해남 윤씨였어."

"그래요? 우리 엄마는 파평 윤씨였는데."

"아, 본관은 다르구나. 정약용의 엄마는 해남 윤씨였는데 정약용이 어릴 때, 맞다, 서연이 네 말처럼 정약용 아홉 살 때 세상을 떠났어. 그런데 정약용이 유배 간 강진에서 멀지 않은 해남에 그 외가가 있었어."

"외가였지만 처음에는 정약용을 외면했어. 친척이라고 정약용에 연루되어 국문을 당하기도 했기 때문에 아무래도 연락을 하거나 찾아보기가 많이 부담스러웠을 거야.

하지만 나중에는 외가의 지원이 컸어. 시간이 흐르면서 세상의 날선 시선이 좀 누그러지자 윤씨들이 정약용을 많이 챙겼지."

외가의 도움이 없었다면 정약용의 강진 살이는 훨씬 더 외롭고 고되었을 것이다.

"무엇보다 해남 윤씨 고택에 엄청난 양의 책들이 있었거든. 아, 윤선도 알지?"

"고산 윤선도요? 〈오우가〉를 지은 사람 아닌가요?"

"서연이 너, 모범생이구나! 맞아, 그 윤선도. 그 윤선도의 증손자가 윤두서라는 사람인데 그의 외증손자가 바로 정약용이야. 윤두서, 들어본 적 있어?"

"아니요, 윤두서는 처음 들어요."

"잠깐만. 스마트폰으로 바로 검색할 수 있잖아. 기다려 봐."

잠시 후 미영이가 내민 전화기 화면에는 눈매가 날카로운 수염 긴 남자 그림이 있었다. 수염은 어찌나 섬세한지 한 올 한 올 자세히 그려졌고 남자의 눈 아래에는 두툼한 살집도 있었다. 예리해서 무엇이든 꿰뚫어 볼 듯한 눈매의 이 남자가 윤두서다. 서연이는 한동안 조용히 그림을 응시했다.

"공재 윤두서의 이 자화상은 사실주의가 뭔지 잘 알

려 주지. 이 수염 좀 봐라. 이렇게 한 올 한 올 자세히 그리기가 어디 쉽겠니? 바로 이 윤두서가 정약용의 증조할아버지였던 거야. 정약용은 자신이 외탁을 했다고 말하곤 했으니 윤두서와도 좀 닮았을 것 같아."

미영이가 그림 속 윤두서의 수염을 가리키며 말했다.

"해남 윤씨가 소장한 많은 책을 빌려다 볼 수 있었으니 유배 중이긴 했어도 정약용은 공부하기 좋은 환경에 있었던 셈이야. 그 옛날엔 책 구하기가 워낙 힘들었잖아. 미영아, 그 사람이 이학규였지?"

미영이가 고개를 끄덕이며 말했다.

"맞아. 정약용이 강진으로 유배될 때 이학규라는 사람은 김해로 유배를 갔어. 그런데 나중에 이학규는 정약용이 정말 부럽다고 했어. 정약용의 유배지는 공부하기 좋은 조건이었다고."

"윤단 가족의 도움으로 안정된 삶의 기반을 갖게 된 데다, 외가의 장서도 빌려 볼 수 있었지, 게다가 제자들이 저술 작업을 도와주었거든. 정약용의 왕성한 저술 활동에는 이런 배경이 있었어."

혼자 크는 사람은 없나 보다. 정약용의 엄청난 공부도 이런 여러 사람들의 도움이 없었다면 이루기 어려운 업적이었는지 모른다.

"서연아, 그런데 너 시간 괜찮니? 너무 이야기에 빠져 있어서."

미영이가 말했다. 정말 시간이 꽤 많이 지나 있었다. 서연이도 어서 일어나야 공연을 볼 수 있을 것 같았다.

"15분 있다가 가면 돼요. 언니랑 오빠는 괜찮아요?"

"그래, 그때 같이 일어서면 되겠다. 그나저나 강진은 춘천에서 꽤 먼데. 아무래도 하루 자야겠네?"

미영이가 휴대전화의 시간을 확인하며 물었다.

"아빠가 숙소를 예약하신댔어요. 해남의 무슨 여관이라던데 굉장히 오래된 곳이래요."

"아, 유선장 가시나 보다. 거기 정말 좋아. 유선장 뒤편 계곡도 참 좋고. 눈 오는 날 유선장은 정말 멋진데. 〈1박 2일〉에도 나왔잖아."

"유선장 여관은 대흥사 바로 앞에 있어. 대흥사 참 좋아. 워낙 고찰인 데다가 또 큰 절이기도 하고. 아참, 강진 시절의 정약용과 가까이 지냈던 혜장이라는 승려가 거기에 있었어. 아암 혜장이라고."

컵과 접시를 주섬주섬 정리하며 미영이가 말했다.

"혜장이요?"

"응. 지금 대흥사가 예전에는 대둔사였는데 혜장은 거기에서 출가했어. 아까 정약용이 보은산방에도 머물렀다고 했지? 그 보은산방은 보은산의 고성암에 있었는데 거길 소개한 사람이 바로 혜장이야. 주막집 골방에 있는 정약용이 딱해서 고성암을 주선한 거지."

미영이가 정리하던 쟁반을 받으며 내가 말했다.

"이 사람은 승려였는데 술도 좋아하고 고집불통에다가 불같은 성격을 가진 기이한 승려였지. 그래도 굉장히 학구적인 사람이었어. 자신이 출가했던 대둔사가 신라 법흥왕 때 창건되었다는 설에 대해서, 오래된 절처럼 포장하려고 창건 연대를 조작하는 경우라며 믿지 않고 고증을 통해 비판했다는 이야기도 전해지거든. 정약용과는《주역》에 대해 논쟁을 했는데 그걸 계기로 정약용을 선생님으로 모셨다고 해. 혜장이 원래《주역》에 밝다고 이름난 사람이었는데 정약용과 이야기를 나누면서《주역》에 대한 정약용의 해박함에 놀라 스승으로 모시게 된 거지."

"보은산방에서 정약용이《주역》에 대한 연구에 매진한 것도《주역》에 대해 함께 토론할 수 있는 혜장이 있어서였을걸. 혜장은 자신의 호를 아암이라고 했는데 그렇게 호를 짓게 된 게 정약용 때문이야."

"정약용 때문이요?"

어쩌면 정약용 덕분일지도.

"응. 혜장의 성격이 불같고 좀 괄괄하다고 했잖아?

남에게 잘 굽히지도 않고. 그래서 정약용이 '자네, 영아처럼 좀 유순할 수 없나?' 이렇게 이야기했더니 바로 호를 아암으로 정했다잖아. '아' 자가 영아라고 할 때의 그 '아' 자거든. 영아 알지? 아기 말이야."

"정약용을 상당히 존경했나 봐요. 금세 충고를 받아들인 걸 보니."

"정약용과는 열 살 차이가 났는데 늘 존경하고 따랐나 봐. 다산초당에서 동백 숲길을 걸어가면 백련사라는 절이 나와. 세간에는 백련사의 혜장과 다산초당의 정약용이 그 길을 걸으며 왕래했다고도 하던데. 다음 주에 강진에 간다고 했으니 너도 그 길을 한번 걸어 봐."

"혜장의 제자가 초의선사야. 차를 마시는 다인들 사이에선 아주 유명한 분인데, 그 초의를 정약용에게 소개한 사람도 혜장이었지. 초의는 혜장의 제자였거든. 초의는 정약용의 아들과 친구처럼 지내면서 정약용 말년까지 정약용을 종종 찾아가 만나곤 했어. 초의와 추사 김정희, 정약용의 아들 정학유는 모두 동갑인데 다들 친구로 지내면서 정약용의 가르침을 받았지. 지금 다산초당의 편액도 추사 김정희의 글씨를 집자해서 걸었지, 아마?"

"집자라니요?"

서연이에게 '집자(集字)'라는 말이 낯선 듯했다.

"응, 그 사람의 다른 책에 있는 글씨를 하나씩 모으는 거야. 필요한 글씨만 모아서 그걸로 다산초당이라는 편액을 만든 거지."

"하여튼 다음 주에 강진 가면 그 글씨도 자세히 봐. 명필 김정희의 글씨가 어떤지."

15분이 지났다. 이제는 모두 가야 한다.

"자, 그럼 이제 일어설까? 서연이 너도 너희 선생님 공연하시는 거 봐야지?"

"그래요. 언니 오빠를 만나면 시간이 왜 이리 빨리 가는지 모르겠어요. 궁금한 거 진짜 많은데."

"우린 너를 만나면 여고생의 왕성한 지적 호기심에 무척 많이 엄청 진짜로 정말 굉장히 자극 받는다. 정약용에 대해서만 그런지는 모르겠지만."

"사실 정약용에 대해서만 그래요, 하하. 뭐, 굳이 얘기하자면, 아홉 살에 엄마를 잃은 우리 사이의 동질감. 본관은 다르지만 엄마가 같은 윤씨라는 점도 우리의 공통점. 이런 것 때문에 정약용에겐 관심이 많이 가요. 물론 정약용은 조선을 대표하는 대학자로 우뚝 선 사람이죠. 2012년 유네스코가 정한 세계의 인물에 장 자크 루소, 헤르만 헤세, 드뷔시와 함께 당당히 선정된 세계의 위인이고요. 저야 뭐, 아직은 평범한 여고생이지만. 그래도 저는 분명히 미래가 더 빛날 사람이에요. 앞으로 어떻게 자랄지 모르는, 그래서 더욱 더 기대되는, 무한한 가능성을 가진 잠재력 충만한 고등학교 2학년 강서연이죠, 하하하…….”

“그러고 보니 달중이도 고등학교 입학할 무렵부터 지적인 호기심이 왕성해졌지, 아마? 안동의 병산서원 그 화장실에서부터.”

미영이가 말했다. 칫, 언제 적 이야기를…….

“언니, 그건 무슨 얘기예요?”

“그런 게 있어, 하하. 늦겠다, 어서 가야지. 길 건널 때 조심하고.”

“제가 무슨 어린앤가요? 오빠는…….”

아쉬운 자리가 끝났다. 서연이는 고무공처럼 통통거리며 횡단보도를 건너갔고, 우리는 잠시 그 뒷모습을 물끄러미 바라보았다. 조금 전에 당차게 자신의 미래를 자신하던 서연이. 녀석은 어느새 꽤 밝아져 있었다.

안녕?

너에게 처음 보내는 이메일이지?

어제 만난 서연이는 내가 본 중 (아직 몇 번 만나지는 못했지만) 가장 밝은 모습이었어. 처음 마재에서 너를 봤을 때는 분위기 있는, 그러나 살짝 어두운 얼굴이었는데, 어제 만난 서연이는 발랄한 보통 여고생의 모습이었달까?

공연은 괜찮았니? 나는 초등학교 때 바이엘만 겨우 마친 피아노 둔재라, 예전부터 피아노 치는 사람은 대단해 보여. 언젠가는 피아니스트 강서연의 연주회에도 초대받을 수 있겠지?

네가 물어본 '일표이서'는 학교에서도 배우는 내용이야. 나나 미영이의 이야기를 통하면 더 잘 이해된다는 너의 칭찬은 과분하고. 그래도 뭐, 우리의 팬임을 자처하는 서연 양의 팬심(?)에 상처 줄 순 없으니 그냥 그런 걸로 해 두자고. :)

어제 그런 이야기 했었지? 정약용은 유자의 삶에 대해 수신(修身)이 반이고 목민(牧民)이 반이라 생각했다고. 그게 나나 미영이의 이야기는 아니야. 정약용이 60세 되던 해에 지은 자찬묘지명에, '육경사서(六經四書)에 대한 저

술은 수기를 위한 것이고 일표이서(一表二書)의 저술은 천하국가를 위한 것이니 이 두 가지로 본(本)과 말(末)을 갖추었다'는 대목이 있어. 알았지? 수기가 반이고 목민이 반이라는 건 정약용의 말이다!

학자의 학문이 반은 수기여야 하고 반은 목민이어야 한다고 했던 정약용은, 실제로 이 두 가지 목표를 위해 노력했어. 경전을 연구해서 자기의 선함을 쌓고(수기), 정법서를 지어 국가를 혁신하고자(목민) 한 거지.

그중 국가를 혁신하고자 하는 마음에서 지었던 게 바로 일표이서야. '일표이서'라고 하면 세 가지 책, 《경세유표》, 《목민심서》, 《흠흠신서》를 가리켜. 1표 2서 맞지?

정약용은 나라가 병들어 있다고 생각했어. 털끝 하나, 머리칼 하나까지 병들어 있지 않은 것이 없다고 생각했지. 지금 개혁하지 않으면 망하고 말 거라는 절박함도 있었고. 그러니 국정 전반을 완전히 새롭게 개혁하고 싶었겠지? 그런 마음으로 지은 것이 《경세유표》야. 국정 전반에 대한 쇄신책인 거지.

하지만 이런 전반적인 개혁은 쉽게 이루기 어렵지 않겠니? 그 당시의 정약용 입장에선 개혁에 착수하는 것도 쉽지 않았을 거고. 그래서 그 이전 단계로 우선 현재의 법제 테두리 안에서 백성을 구제할 방안을 찾아야 했던 거야. 그 결과물이 바로 《목민심서》야. 백성을 직접 통치하는 자리에 있는 목민관에게 요구되는 자세라든지 구체적인 정책 같은 것이 그 내용이지.

《흠흠신서》는 이전에 이야기한 적 있었지? 형사재판은 백성들의 생명과 직결되는 문제니까 그걸 정말 조심스레 다뤄야 한다는 입장이 담겨 있다고 말했잖아.

그런데 말이야, 사람들은 왜 일표이서에 주목하는 걸까? 그건 바로 그 실용적 가치 때문이지. 일표이서가 경학 저술보다 더 주목 받은 건, 그래서 정약용의 저작들이 《여유당전서》로 묶이기 전부터 이 책들이 필사되어 많이 읽힌 건, 이 책들이 다루고 있는 법적 행정적 정치적 문제의 실용적 가치 때문으로 볼 수 있어. 그래서인지 일표이서에 대한 '설'들이 많아. 동학농민운동에 영향을 끼쳤다더라, 베트남의 호치민이 《목민심서》를 애독했다더라, 하는 식의.

심지어 정약용을 혁명가로 보는 사람들도 있어. 실제로 정약용은 그가 쓴 〈원목(原牧)〉이라는 글에서 '목민관이

백성을 위해 존재하느냐, 백성이 목민관을 위해 존재하느냐'고 질문한 후 '백성을 위해 목민관이 존재한다'고 단언하는가 하면, 〈탕론〉이라는 글에서는 잘못된 정치를 하는 군주는 쫓아낼 수 있다고까지 주장하거든. 그 시절을 생각해 보면 상당히 파격적인 생각이었지?

정약용이 토지제도에 관해 쓴 〈전론(田論)〉이라는 글에서 제안한 여전제 때문에 정약용을 공산주의적 토지제도 주창자로 보는 시각도 있어. 여전제라는 게, '여'라는 행정 단위를 토대로 토지에 대한 공동소유, 공동 분배를 목표로 하고 있거든. 그러나 정약용을 공산주의자로 볼 수는 없을 듯해. 봉건적 토지제도를 철폐하자, 정약용이 이런 입장은 아니었거든. 어디까지나 봉건적 신분 질서, 봉건적 통치 체제를 인정하고, 그런 전제 하에 토지 국유제 개혁안을 내놓은 것이니까.

쓰다 보니 이야기가 너무 학구적으로 갔네. 그건 서연이 네가 일표이서에 대해 물어봤기 때문이니 어디까지나 네 탓이다, 오케이?

하여튼 다음 주 강진 답사 잘 다녀와. 정약용 마니아답게 네가 마침내 강진까지 가는구나. 또 아니, 여행길에

뜻밖의 귀인을 만나게 될지……. ^^

오늘 편지의 마무리는 정약용의 편지 한 편으로 할게. 왠지 서연이 네게 보여 주고 싶은 글이라서. 박석무의 《유배지에서 보낸 편지》 116쪽에 나와 있는데 너를 위해서 한글로 쳐서 보낼게. 복사해서 스캔할 수도 있고 너더러 찾아서 읽으랄 수도 있지만 너 읽기 쉬우라고 내가 정성들여 한 자 한 자 타이핑 하는 거야. 영광인 줄 알아야겠지? ^^

오늘 보니까 밝은 얼굴이 더 보기 좋더라. 돌아오는 지하철에서 미영이랑 그렇게 합의했으니 앞으로는 더 많이 웃고 다니도록.

그럼, 안녕.

추신: 서연아, 너만 응시하지 말고 이젠 아버님도 좀 바라봐. 기분이 상했다면 오지랖 넓은 달중 오빠가 사과할게.

건강해. 차 조심하고.

1802년 12월, 두 아들에게 답하노라 2

우리 농아(農兒)가 죽었다니 비참하구나! 비참하구나! 가련한 애.

나의 몸이 점점 쇠약해가고 있을 때 이런 일까지 닥치다니, 정말 마음을 크게 먹을 수가 없구나.

너희들 아래로 무려 사내아이 네 명과 계집애 하나를 잃었다. 그중 하나는 낳은 지 열흘 남짓해서 죽어 버려서 그 얼굴조차 기억하지 못하겠고 나머지 세 아이는 모두 세살 때여서 품에 안겨 한창 재롱을 피우다 죽었다. 이 세 놈들은 나와 네 어머니가 함께 있을 때 죽었기에 딴은 운명이라고 쳐 버릴 수도 있어 이번같이 간장을 후벼 파는 슬픔이 북받치지는 않았다.

내가 이렇듯 먼 바닷가에 앉아 있어 못 본 지가 무척 오래인데 죽다니! 그 애의 죽음이 한결 서럽고 슬프구나.

생사고락의 이치를 조금 깨달았다는 나의 애달픔이 이러할진대 하물며 네 어머니야 품속에서 꺼내어 흙구덩이 속에 집어넣었음에랴! 그 애가 살았을 때 어리광 부리던 말 한마디 한마디, 귀엽던 행동 하나하나가 기특하고 어여쁘게만 생각되어 귓가에 쟁쟁하고 눈앞에 삼삼할 것이다. 더구나 여자들이란 정이 많아 이성에 의지하지 못하는 것이 십상인데 얼마나 애통스럽겠느냐? 나는 여기에 있는 데다 너희들은 이미 장성하여 밉상스러울 것이니 생명을 의탁하려고 했던 바는 오직 그 아이였을 것이다. 더욱이 큰 병환을 치르고 난 뒤 아주 수척한 무렵에 이런 일만 이어지니, 하루 이틀 만에 따라 죽지 않은 것만도 크게 기이한 일이구나.

내가 직접 그 일을 당했더라면 아버지라는 것도 잊은 채 다만 어머니가 슬퍼하는 것처럼 되고 말았을 것이다. 아무쪼록 너희들은 마음과 뜻을 다 바쳐 어머니를 섬겨 오래 사시도록 하여라.

이 뒤부터라도 정성스런 마음으로 타일러 두 며느리로 하여금 아침저녁으로 부엌에 들어가 음식을 맛있게 해 드리고, 방이 차고 따뜻한가를 잘 보살피며, 한시라도 시어머니 곁을 떠나지 않게 할 것이며, 고운 태도 부드러운 낯빛으로 매사를 기쁘게 해 드려라.

시어머니가 쓸쓸해하고 불편을 느끼면 낯빛을 변하지 말고 더욱 정성스런 마음으로 힘을 합하여 그 사랑을 얻도록 노력하여 마음에 조금의 틈도 없이 잘 화합하여

오래오래 가면 자연히 믿음이 생겨 안방에서는 화평스러운 기운이 한 움큼 솟아날 것이니, 이렇게 되면 천지의 화응(和應)을 얻어 닭이나 개나 채소나 과일까지도 탈 없이 무럭무럭 제 명대로 자랄 것이고 일마다 맺히는 게 없어져 나 또한 임금의 은혜라도 입어 풀려서 돌아가게 될 것이다.

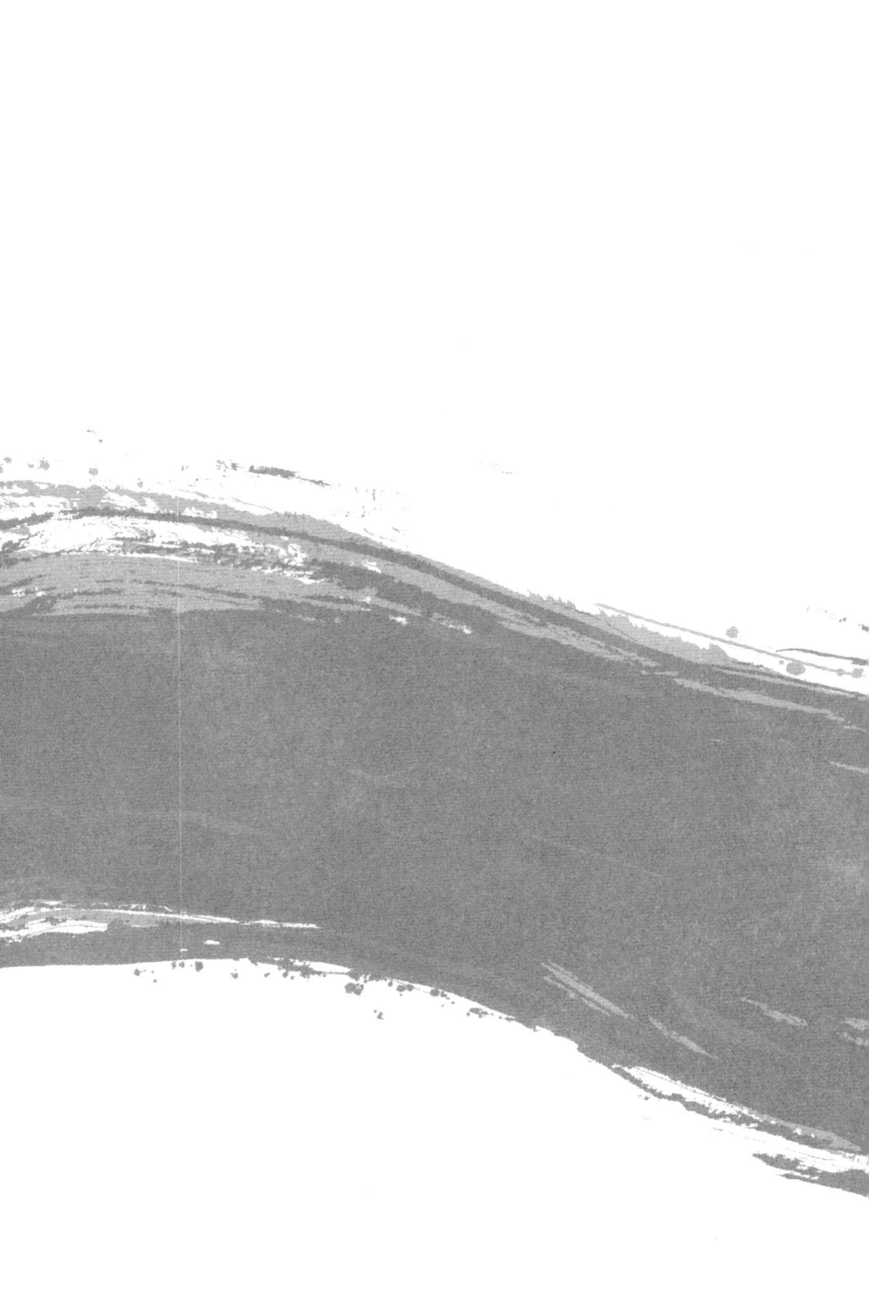

4

언제나 마음은

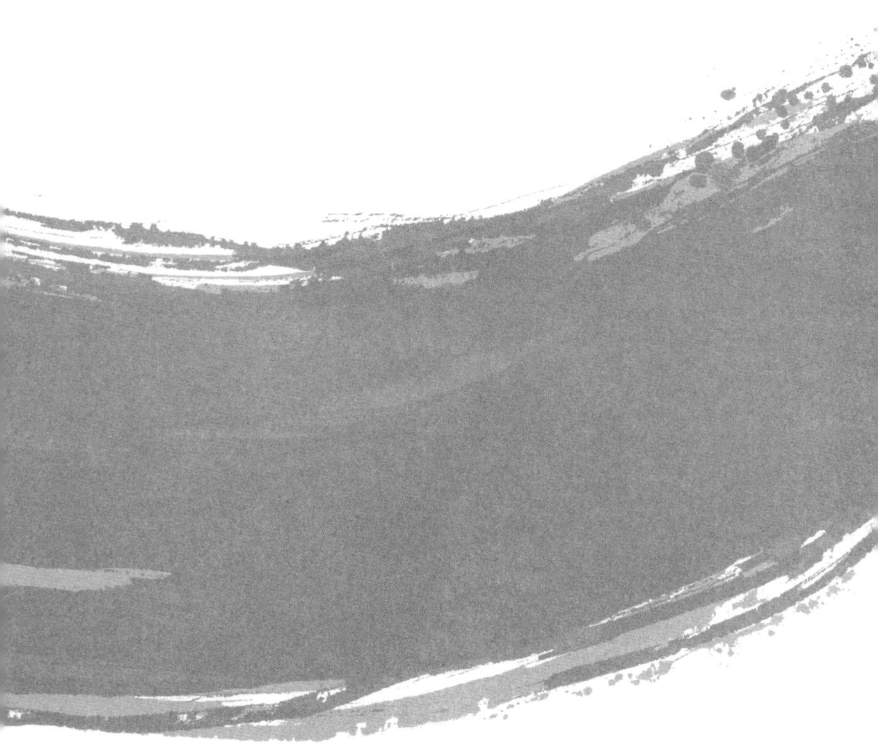

서산에 문상 갔다가 부산까지 가려면 별수 없이 차를 가져가야 했다. 서산에서 부산까지는 대중교통을 이용하기가 생각보다 쉽지 않다. 서울에서 바로 갔다면 운전할 생각은 안했을 거다. 그러면 이렇게 생뚱맞게 강진으로 가지도 않았겠지.

갑자기 강진으로 길을 잡은 것은 순전히 동백나무 때문이다. 그렇지 않고서야 운전을 썩 즐기지 않는 내가, 그것도 혼자 이 더운 7월의 고속도로를 달릴 리가 있을까?

고운 최치원의 신선사상을 다룬 논문에는 별 관심이 없었지만 오랜만에 한국에 들어온 정호 형은 만나보고 싶었다. 내가 자료 조사 차 일본에 가서 만난 게 몇 년 전이지? 형은 대학교수답게 이제 꽤 안정되어 보였다. 사회적 지위가 주는 편안함도 느껴졌다.

논문 발표가 끝나고 형과 둘이 복국을 먹으면서도 기분이 참 좋았다. 인문학을 공부하겠다고 진로를 바꿨던 그 시절의 나를 아는 몇 안 되는 사람, 정호 형. 형은 내게 있어 다섯 손가락 안에 드는 고마운 멘토다.

땀 흘리며 복국을 먹은 후 해변을 산책하는 일이 서울내기 우리에게는 엄청난 호사였다. 왼편으로는 드넓은 바다가, 오른편으로는 잘 정돈된 시가지가 우리 산책길의 배경이었다. 게다가 저 눈앞의 마천루라니. 해운대 주변은 두바이나 캘리포니아가 연상되는 그런 풍경이었다.

"해운대가 그저 해수욕장 이름이 아닌 건 알지?"

"그냥 해수욕장 이름이 아니라고? 아, 그러고 보니 해운대, '대(臺)'구나."

"오늘 내가 최치원의 신선사상을 발표했잖아. 그 최치원이 가야산으로 가다가 이 부근의 자연경관이 너무나 아름다워서 돌을 쌓아 대를 만든 거야. 그 대에서 주변을 보니 이게 절경이거든. 바다 멋지지, 구름 멋지지. 그래서 바다 '해' 자와 구름 '운' 자를 써서 '해운대'라고 돌에 새겼어. 거기서 유래한 게 이곳 지명 해운대야."

"그래? 신선이 될 사람이었으니 자연을 보는 눈도 남

달랐겠네. 지금이야 이곳이 휴양지지만 예전엔 고즈넉한 아름다움도 있었을 거야."

"말 나온 김에 동백섬까지 한 바퀴 돌까? 동백섬 한 쪽에 최치원이 '해운대'라고 새겨 놓은 석각이 있거든. 괜찮지?"

그렇게 시작된 산책이었다. 왼편으로는 여름을 즐기러 온 사람들과 그들이 머물러 쉬는 수많은 비치파라솔이 장관을 이루고 있었고 우리는 긴 여름 해를 맞으며 지나간 일들과 앞으로의 시간들, 형의 일본 생활에 대해 이야기를 나누었다. 그때까지는 내가 동백나무에 꽂히게 될 줄 몰랐다.

내가 알고 있던 동백나무는 화분에 담겨 있는 앙상한 나무였다. 엄마가 가꾸던 여러 개의 관엽식물 중 하나였다. 가끔 한번씩, 달중아, 동백이 드디어 꽃을 피웠다, 이 꽃 좀 봐라, 하는 엄마의 목소리에 별생각 없이 베란다로 시선을 던지면 거기 앙상한 가지에 매달린 붉은 빛 꽃송이가 있을 뿐이었다. 또 가끔 한번씩, 달중아, 동백이 지나 보다, 이 꽃 좀 봐라, 하는 엄마의 목소리에 별생각 없이 베란다로 시선을 던지면 곧 꽃송이째 툭 떨어질 시들시들한 꽃송이가 있을 뿐이었다.

그런데 동백섬에 들어서자 내 눈앞에 나타난 동백.

아, 동백은 건강한 생명 그 자체였다. 우리 집 베란다 화분에 살던 그 앙상한 동백이 아니라, 우람하고 튼실한 가지를 하늘로 올린, 내 키만 한, 내 팔로는 다 끌어안을 수도 없는 커다란 동백이 섬 가득 숲을 이루고 있었다. 그 건강미, 그 생명력, 아, 그 감동이란. 내가 이런 동백을 어디에서 봤더라?

웨스틴 조선 호텔 앞을 지나 전망대까지 이르는 해변 산책길. 왼편으로는 파도가 바위 위로 넘실대고 오른편으로는 씩씩한 해송과 동백들이 군락을 이루고 있었다. 가까운 바다에는 모터보트며 유람선이 군데군데 떠 있고, 저 멀리 수평선에는 화물선처럼 보이는 커다란 배가 희미하게 윤곽을 드러내고 있는데, 내가 원래 이 섬에 살고 있다는 당당함을 소리 없이 말하듯 반짝반짝 윤이 나는 이파리가 여름 석양에 늠름했다. 꽃이 없는 여름에도 이렇게 멋진데, 꽃을 가득 매단 겨울에는 또 어떨지. 그런 동백으로 가득 찬 이 섬은 또 어떨지.

그러고 보니 나도 참 즉흥적이다. 해운대의 동백에 반했다면 하루 이틀쯤 부산에 더 머물며 동백섬을 여러 번 거닐어도 됐을 것을, 굳이 강진까지 가는가 말이다. 그것도 세상이 다 무채색인 겨울 어귀에 혼자 찬란한 얼굴로 꽃을 매달고 서 있는 개화기의 동백도 아니고, 그저 잎만 무성할 뿐인 한여름의 동백을 보고서 말이다.

정호 형이 아침 비행기로 일본으로 돌아갔기 때문이기도 하다. 새벽 5시에 잠이 깬 탓도 있을 거고, 그 새벽 산책길에 바라본 동백섬의 동백나무에 또다시 마음을 빼앗겼기 때문이기도 하겠지만, 미영이가 강진에서 멀지 않은 여수나 순천 어딘가를 여행하고 있을 거라는 사실, 또 서연이 부녀가 강진 어딘가를 답사하고 있을 것이라는 생각도 나의 즉흥적인 강진행을 부추겼을 것이다. 정말 그런가? 잘 모르겠다. 그냥 해운대의 동백을 보는 순간, 백련사 근처의 그 동백 숲이 다시 보고 싶어졌다.

두 번째 휴게소에서 산 아이스 아메리카노의 얼음이 다 녹을 무렵, 드디어 백련사에 도착했다. 주차장에 차를 세우고는, 절 입구에서 사람들을 맞고 있는 오래된 배롱나무 앞에 섰다. 배롱나무는 연분홍 꽃을 피워 올리고 있었다. 배롱나무 앞에서 왼편으로 강진만이 내려다보였다. 엷게 안개가 낀 듯한 대기 사이로 흐릿하게 보이는 산들 앞에 깊은 강처럼 넓고도 조용한 바다가 펼쳐져 있다. 평온하고 편안한 풍경이다. 배롱나무 앞에서 흐린 강진만을 바라보는 내 시야에, 벌써 몇 그루의 잘 자란 동백들이 보이기 시작한다. 단지 동백 숲이 생각나 해운대에서 이곳 백련사까지 달려온 네 시간 반이 갑자기 뜬금없다는 생각이 들었다. 나의 이런 즉흥적인 추진력에 가끔은 나 스스로도 놀라곤 한다.

절 입구 왼편의 찻집은 그대로였다. 그때는 다산초당에서부터 백련사까지 걸어왔다. '만경다설(萬景茶說)'이라는 현판이 달려 있는 자그마한 찻집. 처음 이곳 강진에 왔을 때 저 찻집에 오래 머물렀다. 찻집에 앉으면 유리 너머로 배롱나무가 보이고, 배롱나무 가지 사이로 멀리 강진만이 보였다. 찻집에 앉은 우리들의 눈앞에 만경이 펼쳐지는 것이다. 그런 경치들을 바라보면서 나는 이런 저런 이야기를 했었다. 백련사 뒤편 만덕산에는 원래 야생으로 자라는 차나무가 많다는 이야기며, 그래서 이곳을 다산이라고도 불렀다는 이야기, 이 절의 원래 이름이 만덕사였다는 이야기와, 초의선사와 정약용이 떡차를 만들어 마셨다고 써붙인 저 설명 때문에 초의와 정약용이 친구 같지만 사실은 거의 부자 같은 관계였다는 이야기, 여기서 보이는 강진만의 풍경이 마재의 풍경과 비슷해서 정약용은 저 풍경을 보며 마재를 떠올리곤 했을 거라는 이야기, 정약용은 한강이 얼마나 그리웠을까 하는 이야기까지. 이런 이야기들을 한참 동안 늘어놓으면 아버지와 엄마는 흐뭇한 표정으로 나를 바라보았다. 다탁에 놓인 찻잔을 들어 차를 한 모금 마시고 엄마는 이렇게 말했다. 달중아, 너의 이야기를 듣고 보니 정말 이곳이 '만경다설' 맞구나. 눈으로 저 경치들을 보고, 입으로 이 차를 맛보고, 귀로 네 이야기를 들으니 말이야. 그래서 이 찻집 이름이 '만경다설'인가 봐. 그러고는 다시 차를 한 모금 마시던 엄마. 아, 그 날이 언제였는지.

백련사에서 다산초당으로 난 오솔길로 올라섰다. '다산초당 800m'라고 쓰여진 작은 이정표를 지나 젖어 있는 땅을 살피며 걸으니 왼편으로 차나무가 줄지어 있다. 야생 차가 많이 자라는 산이기는 하지만 수형이 손질되어 있는 것을 보니 이 차나무들은 재배되는 것인가 보다. 산에 자라는 차나무의 잎을 함부로 채취해서는 안 된다는 경고판을 보면서 오른편으로 고개를 돌리니, 드디어 내 눈에 들어온 동백나무 숲. 그곳에 동백나무가 군락을 이루고 있었다.

우뚝 솟은 만덕산 약간 아래편으로 동백 숲이 띠를 두른 듯 이어져 있어 만덕산은 동백 숲으로 장식한 고깔모자 같은 느낌이다. 해풍을 바로 맞으며 자란 해운대의 동백들과는 또 다른 느낌. 산에서 숲을 이룬 동백들이 건강하고 또 건강하다. 저 동백들은 앞으로도 오래도록 변함없이 저 자리에 저렇게 서 있겠지. 나는 한참 동안 그대로 서서 두 눈 가득 동백 숲을 담았다. 저 동백이 보고 싶어 나는 이곳 강진까지 온 것인가?

숲으로 들어가지는 않기로 한다. 숲에 들어가 한 그루 한 그루의 동백을 보지는 않기로 한다. 저 숲으로 들어가면 동백나무 사이에서 길을 잃을 것만 같다. 동백나무 숲에서 어디를 향해 걸을지 몰라 당황할 것만 같다. 아니, 그런 막연한 두려움 때문은 아니다. 나는 그저 동백 숲이 보고 싶어 온 것이니까. 우리 집 베란다에서 자라던 그 앙상한 동백 말고도 세상에는 많은 동백이 있다는 것을 확인하러 온 것이니까. 어쩌면 저 동백 숲을 처음 같이 봤던 그날의 기억 때문일까. 희미하게 그리움이 느껴졌다. 괜히 눈물이 나왔다. 손끝으로 눈물을 찍어 냈던가? 한두 방울, 손끝에 묻어났던가? 나는 그냥 다산초당을 향해 걷기로 한다.

길 곳곳에 '삼남길'이라고 쓴 나무판이 매달려 있다. 내가 올 때마다 이 오솔길은 늘 축축한 느낌이었다. 아주 키가 큰 나무들은 없어도 고만고만한 나무들이 이뤄 내는 깊은 숲의 느낌이 있는 길, 그 나무 그늘로 인해 땅이 언제나 젖어 있는 그런 길이다. 축축한 길 곳곳에는 항상 갖가지 버섯들이 올라와 있었다. 길 양편으로 소나무가, 차나무가, 군데군데 조릿대가 자라기도 한다. 바닥에는 마삭들이 뻗어 나가고 있는데 그 마삭 잎마저 동백처럼 차나무처럼 반짝반짝하다. 난대림의 식물들은 다들 이렇게 잎장이 두꺼운가?

혜장은 때때로 이 길을 걸어 정약용을 찾아갔을까. 죽장으로 바닥을 딱딱 치면서, 옷깃에 스치는 나뭇가지를 느끼면서, 젖어 있는 땅 곳곳의 물웅덩이를 피하기도 하면서, 그러면서 이 길을 걸어갔을까? 귓가에 들려오는 산새 소리를 들으며 무념무상의 상태에 접어들었으려나. 혹시나 길에 난 버섯들을 죽장으로 슬슬 건드려 보지는 않았을까?

건너편에서 걸어오는 한 무리의 사람들. 나와는 반대로, 다산초당에서 백련사로 가는 사람들이다. 곁을 스칠 무렵 서로 인사를 나누고 각자 걷던 방향으로 헤어지고. 그러면서 나는 다산초당 쪽으로 천천히 걷고 또 걸었다.

원래 이 길에선 혜장이나 초의를 떠올려야 하는데 왜 나는 문득 정약전이 생각났는지. 동백 숲을 바라보다 정약전이 귀양 가 살던 흑산도 사리마을이 떠올라서였을까? 사리마을의 그 동백 숲이 생각나서였을까?

1801년 신유년의 기막힌 일들. 정약용이 경상도 장기로 유배 갈 때 정약전은 강진에서 가까운 신지도에 귀양 가 살았다. 그러다가 황사영 백서사건으로 두 사람 다 서울로 압송된 뒤 정약용은 강진으로, 정약전은 흑산도로 다시 배소가 바뀌었지. 유배 가던 길, 형제가 마지막으로 함께 묵었던 나주의 그 주막, 그 주막에서의 밤. 〈율정 주막에서의 이별〉이라는 정약용의 시가 어찌나 절절하던지, 단지 그 시 때문에 주막 자리를 찾아 나섰던 우리. 나주 동신대학교에서 멀지 않았던 그 주막 자리에서, 이제는 아무것도 남지 않은 황량한 겨울 길에서, 정약용을 떠올릴 흔적조차 남지 않은 그 길에서, 기약 없는 이별을 앞둔 형제의 마음이 저절로 느껴져 가슴이 먹먹했던 그 겨울의 기억.

정씨 형제는 주막에서의 그 밤이 설마 마지막이기야 할까, 아마 그랬을 것이다. 정약종이 형과 동생의 무관함을 밝히고 혼자 죽음에 처했다는 이야기를 전해 듣고서도, 형제의 죽음을 그저 전해 들을 수밖에 없는 자신의 운명을 한탄하면서도, 당장 멀고 먼 곳으로 다시 유배를 떠나게 된 상황을 기막혀하면서도, 게다가 이제 산산조각난 가문의 앞날을 걱정하면서도, 그래도 '언젠가'를 생각했을 것이다. 언젠가는 이 치욕을 씻을 수 있으리라, 언젠가는 이 가문이 다시 설 수 있으리라, 언젠가는 우리 형제가 다시 만날 수 있으리라, 아마 그랬을 것이다. 나주에서의 그 밤이 살아 만나는 마지막 밤인 줄은 까맣게 몰랐을 것이다, 그들은. 그렇게 긴 밤을 보내고 새 아침을 맞고 그러고는 눈물로 헤어져 각자의 배소를 향해 떠났을 것이다, 바로 그 삼거리에서.

유배 후 정약용이 저술에 힘썼다면 정약전은 술에 빠져 살았나 보다. 《표해시말》이라든가 《현산어보》 같은 책들을 집필했고 강진과 흑산도 사이를 오가는 편지를 통해 정약용의 저술에 대해 함께 검토하고 고민하기는 했지만, 정약전은 자신을 엄습하는 무력감에서 벗어나기 힘들었던 것 같다. 척박한 자연환경, 낯선 풍속. 무엇보다 앞이 보이지 않는 미래. 그 속에서 정약전은 자꾸만 술에 의지했던 모양이다. 정약용처럼 조금만 더 기다렸더라면, 어떻게든 버티고 있었더라면, 정약전도 해배의 날을 맞아 다시 마재로 돌아갔을 텐데. 역사에 매몰된 개인의 삶이란, 돌아보면 어느 하나 애틋하지 않은 것이 없다.

정약전이 그곳에서 장덕순을 만난 것은 서로에게 축복이었을 것이다. 장덕순은 정약전을 만나면서 '창대(昌大)'라는 이름을 얻었다. 어류에 대해 해박한 지식을 가진 15세 소년의 모습은 정약전에게 새롭고도 은근한 학문적 자극이었을 것이다. 그렇게 만난 두 사람은 함께 작업하면서 서로를 더 든든히 여겼을 것이다. 물고기 뼈의 개수까지 일일이 세어 기록하는 장덕순의 꼼꼼하고 세심한 자세, 그 어류들을 어족별로 나누고 분류하는 정약전의 조직적 사고는 서로에게 큰 도움이 되었을 것이다. 양반 신분이었던 정약전의 이름으로 《현산어보》가 남기는 했으나 사실 그 책은 정약전과 장덕순의 공저가 아니었던가.

처음 《현산어보》라는 이름을 들었을 때 내가 알던 《자산어보》가 《현산어보》와 같은 책을 가리키는 줄은 몰랐다. 정약전이 흑산도로 귀양 가서 지은 책이 《자산어보》인 줄 알고 있던 나는, 그 한자 '자산어보(玆山魚譜)'를 보고서도 '현산어보'로 읽어야 하는 이유를 이해하기 힘들었다. 그러다가 흑산도에 가 보고서야 정약전의 마음을 어렴풋하게나마 알게 되었다. '흑산'이라고 말하는 순간 '흑'이라는 발음이 주는 그 음울하고 무거운 분위기. 자신을 둘러싸고 있는 낯섦. 온통 검은 바다와 검은 바위, 거기서 연상되는 자신의 검은 미래. 그런 것들이 꼬리에 꼬리를 물고 떠올라 그도 정약용도 '흑'이라는 말을 꺼렸던 것이다. 그런 어두운 분위기가 싫어 '흑' 대신 '현(玄)'을 써 '현산'이라고 부르던 마음. 그러나 '현'자조차 무거워 '현'을 두 개 겹쳐 '자(玆)'로 쓰고 싶었던 마음. 그러나 '흑산'을 고쳐 부른 '현산'은 있어도 그곳에 '자산'은 없다. 그래서 정약전의 책을 우리도 '자산어보'가 아닌 '현산어보'라고 불러야 한다는 벽사 이우성 선생님과 그 제자들의 주장에 대해 몇 번이고 고개를 주억거리며, '맞아, 맞아.' 중얼거렸던 기억.

흑산도에서 정약전의 삶은 비참했던 듯하다. 정약전이 고기를 못 먹고 살아 몸이 많이 쇠했다는 소식을 들은 정약용이, 산에 들개가 많을 테니 들개를 잡아서라도 고기를 먹도록 하라고 써 보낸 편지를 보면. 얼마나 형이 걱정되었으면 들개를 삶아 먹는 조리법까지 자세히 편지에 썼을까. 들개를 잡아먹고서라도 단백질을 보충해야 했던 비참한 유배지의 삶. 그런 삶에서 벗어날 날이 멀지 않았다는 소문이 들려오자, 해배에 대비해 육지에서 조금이라도 더 가까운 우이도로 옮겨간 정약전의 조급함이 이해가 갔다. 정약용보다 호탕하고 선이 굵은 남자로 알려졌던 정약전이, 실은 정약용 못지않게 섬세하며 여린 성품의 사람은 아니었을지. 우이도로 옮겨가는 바람에 정약전은 장덕순과도 이별하게 되지만 그것보다 더 안타까운 것은 기다리고 또 기다려도 해배 소식이 들려오지 않는 데서 겪게 되는 좌절감이 너무 컸다는 사실이다. 큰 절망감은 그를 세차게 때렸고, 안 그래도 술 때문에 쇠약했던 그의 건강은 급격히 악화되었다. 그는 결국 해배가 되기도 전에 이방에서 그렇게 숨지고 말았다.

정약전 생각에 빠져 길을 걷느라, 마주 오던 사람들에게 의례적인 인사만 건넸다. 수고하십니다, 이랬나, 안녕하세요, 이랬나. 그런데 이번 사람들은 다르다. 저 멀리서부터 손을 흔들고 심지어 달려왔다. 아하, 서연이와 아버님이다.

"오빠가 여기 웬일이에요? 설마 오빠일까 했는데."

"안녕하세요, 아버님. 서연이도 잘 있었지?"

"잘 지냈지요, 달중 군? 그런데 정말 어떻게 된 거예요?"

"네, 어제 부산에서 누굴 좀 만나고 아침에 이리로 넘어왔어요. 마침 미영이도 순천에 있다고 해서 다산초당에서 보기로 했지요. 서연이가 강진에 있을 거라고도 생각했고요. 어제는 유선장에서 주무셨어요?"

"그랬어요. 그곳 정말 좋더군요. 어제 거기서 잘 쉬고 아침에 강진으로 넘어왔어요. 사의재 구경하고 다산초당 보고 이제 막 백련사로 가던 길인데. 정말 반갑네요."

"그러게요, 오빠. 이메일에서 귀인 운운하더니 그게 오빠였던 거예요?"

"귀인? 아, 아니, 그때는 그럴 생각이 없었는데…….
하여튼 반갑다, 서연아."

"안 그래도 사의재랑 다산초당 보면서 뭔가 아쉬웠는데. 오빠나 미영 언니가 설명해 주면 좋겠다 싶었어요. 아, 아빠, 우리 다산초당으로 다시 가면 안 돼요? 여기서 되돌아가면 안 돼요? 이제 5분도 안 왔잖아요?"

아빠를 바라보며 어리광 섞인 목소리로 서연이가 말했다. 전과는 사뭇 달라 보였다.

"그럴까? 나도 달중 군이랑 거길 다시 보고 싶긴 한데……."

온 길을 되짚어 가기로 했다. 이건 오로지 서연이의 애교 덕분일 거다.

"그럼 가시죠, 뭐. 다산초당 보시고 다시 백련사까지 가기로 해요. 아버님 차는 초당 아래쪽에 있겠네요? 백련사에 제 차를 세워 뒀으니 거기서 제 차로 다산초당 초입까지 모셔다 드릴게요. 조금 있으면 미영이도 다산초당으로 올 거니까 같이 만나면 더 좋겠네요."

"미영 언니도 와요? 우와, 좋다. 그런데 왜 같이 안 왔어요?"

"나는 어제 부산에서 친한 선배를 만났거든. 미영이는 아마 여수, 순천, 이렇게 돌고 강진으로 오는 길일 거야. 버스커 버스커의 〈여수 밤바다〉에 푹 빠져서, 기어이 여수 밤바다를 봐야겠다면서 그쪽으로 여행 갔거든."

다산초당 쪽으로 길을 잡으며 내가 말했다.

"아, 정말 멋져요. 언니나 오빠는 떠나고 싶으면 언제고 그렇게 훌쩍 떠날 수 있군요. 정말 부러워요."

"그래 보이니? 지금은 방학이니까 시간 여유가 좀 있긴 하지. 알고 보면 우리도 스케줄 조정하고 힘들게 시간 내서 움직이는 건데. 서연이 넌 요새도 많이 바쁘지?

앞에 걸어가는 서연이 뒤통수에 대고 내가 말했다.

"그렇죠. 서연이가 좀 바쁘긴 합니다. 다른 고등학생보다 시간이 더 없는 편이죠. 그래서 그동안 제가 좀 외로웠어요. 공부도 해야 하지, 피아노도 쳐야 하지, 애가 너무 바쁘니까……. 그래도 요즘은 정약용 선생 덕분에 서연이랑 이렇게 같이 여행도 다니고. 제가 정약용 선생께 얼마나 고마운지 몰라요."

"아이, 참, 아빠는……. 저도 입시만 끝나면 아빠랑 여기 저기 더 많이 다닐 거예요."

"정말이지? 그때만 기다린다, 아빠는."

서연이 아버지의 얼굴에 미소가 떠올랐다.

"그래, 피아노는 잘 되고 있어?

"몰라요, 좀 힘들어요. 제가 재능이 없나 봐요. 연습은 열심히 하는데 뭔가 잘 안 느는 느낌이랄까?"

"얘가 말은 이렇게 해도 제 엄마 닮아서 음악적 센스가 있어요."

"아빠는, 참……. 아빠 딸이니까 아빠에게는 그렇게 보이시겠지만 사실은 아니에요. 잘하는 애들이 얼마나 많은데. 전 스스로 정말 많이 답답해요."

그런 기분, 나도 안다. 나도 분명히 열심히 하고는 있는데, 다들 앞서 가고 있는 것을 실감할 때의 절망적 기분. 그들과 나 사이의 간극을 메우는 것이 참 어렵고 힘들게 느껴질 때의 그 기분.

"서연아, 고민하지 말고 너도 그냥 '삼근'!"

"삼근?"

"부지런할 '근(勤)' 자를 써서 삼근(三勤)이야, 삼근. 정약용이 제자에게 해 준 조언이지."

"그럼, 세 번 부지런하라고요?"

"하하. 금방 알아듣는데? 정약용에게 황상이라는 제자가 있었어. 정약용 선생 밑에서 공부를 해 보니 스스로가 공부에 적합하지 않은 게 아닌가 하는 회의가 들었나 봐. 그래서 정약용에게 말하지. 선생님, 제게는 세 가지 병통이 있어서 공부를 하기 어렵습니다, 이렇게."

"세 가지 병통이요?"

"응. 약점이 세 가지 있다, 뭐 이런 말이야. 황상이 말한 세 가지 병통은 이런 거였어. 첫째는 머리가 둔하고, 둘째는 앞뒤가 꽉 막혔고, 셋째는 분별력이 없는 것. 그러니 어떻게 공부를 하냐는 거지."

"그렇긴 하네요. 황상의 자평대로라면 공부하기에는

좀……. 머리 회전이 빠르고 융통성도 있으면서 사리 판단이 정확해야 공부를 해도 잘하지 않을까요? 물론 그 시절의 공부라는 게 자기 수양의 측면이 강하다고는 해도 말이죠."

어느새 서연이 아버지가 서연이 옆에서 걷고 있었다.

"그렇죠, 아버님? 그런데 정약용은 황상에게 이렇게 대답했어요. 배우는 사람에게는 세 가지 병통이 있다. 기억력이 좋은 병통은 공부를 소홀히 하게 하고, 글 짓는 재주가 좋은 사람은 가벼이 들떠 허황한 대로 흐르게 하고, 이해력이 빠른 병통은 깊이 공부하지 않아 거칠게 된다는 문제가 있다. 그런데 너는 이 세 가지 병통이 하나도 없구나, 이렇게요."

"아니, 기억력이 좋고 글 짓는 재주가 있고 이해력이 빠르면 공부하는 데 도움이 되는 거 아니에요? 그거 믿고 공부를 덜 하니까 공부하는 데 오히려 방해가 된다, 이런 얘긴가요?"

서연이가 물었다.

"그렇지. 배우는 자에게 이 세 가지 능력이 있으면 그게 장점으로 작용하기보다는 그것을 지나치게 믿는 바람에 오히려 공부에 해악이 된다는 거지. 그런 말인 거죠?"

서연이 아버지가 먼저 대답했다.

"예, 맞습니다, 아버님. 그러고는 황상에게 이어서 이렇게 말하죠. 머리가 둔하지만 공부를 파고드는 사람은 식견이 넓어지고, 앞뒤가 막히나 그것을 뚫는 사람은 흐름이 거세어지며, 분별력이 없으나 꾸준히 연마하는 사람은 빛이 난다, 이렇게요."

"우와, 멋진 역설인데요?"

서연이가 환하게 웃으며 말했다.

"그렇지. 황상이 생각한 자신의 병통들에 대해서, 그런 것 때문에 황상 너는 공부하는 데 적합하지 않은 사람이다, 그러니 공부하지 마라, 우리가 생각하기에는 그런데 말이야, 이게 보통 대답일 텐데 말이지. 오히려 너의 그런 병통이 작은 재주를 믿고 공부를 얕게 할 우려를 없애는 장점이다, 황상 너는 이런 장점을 가졌어, 이렇게 평가해 준 거지."

"아, 멋져요."

"그러면서 결정적인 이야기를 해 줘. 이 세 가지는 모두 부지런해야 가능하다. 부지런히 한다는 것은 마음을 확고히 하는 데 있다, 이렇게. 즉, 네가 부지런히만 공부한다면 네가 생각한 병통들이 오히려 너의 장점이 될 거다, 부지런히만 한다면. 물론 황상은 정약용의 이 이야기를 마음에 깊이 간직해. 부지런하고 부지런하고 부지런하라,

그러려면 마음을 확고히 하라."

"아, 그래서 '삼근'인 거예요?"

"맞아. 마음을 확고히 하라는 뜻의 '병심확(秉心確)'과 부지런히 하라는 '삼근(三勤)', 이 두 가지를 황상은 61년이나 마음에 간직하며 늘 노력했어."

'그러니 너도 기죽지 말고 열심히 해'라고 말하려는 순간, 서연이가 걸음을 멈췄다.

"61년이나요? 우와, 계속 공부를 한 거네요?"

"그렇지. 벼슬을 안했고 교과서에 실려 있지 않아서 우리가 잘 모르는 거지, 황상은 훌륭한 시인으로 이름이 났어. 추사 김정희도 그의 시를 높이 평가했고. 무엇보다도 61년이나 스승의 말씀을 마음에 새기고 스스로를 연마한 그 집념과 인품이 대단하지 않니?"

"알겠어요. 저도 앞으로 삼근 할게요. 부지런히 공부하고 부지런히 피아노 치고. 삼근, 삼근."

그렇지, 서연아. 그렇게 하는 거야, 삼근. 삼근.

"마음을 확고히 하고 부지런히 노력하면 자신의 삶을 자신이 원하는 대로 잘 가꿀 수 있을 것 같네요. 우리 사무실에도 '병심확'이라고 써 붙여 놔야겠어요. 오늘 또 하나 배웠네요."

서연이 아버지가 한마디 했다.

"아까 사의재에서는 '사의'가 마음에 든다고 하시더니, 아빠는 너무 감동을 잘하시는 거 아니에요?"

"참, 사의재도 다녀오셨죠?"

"아빠는 그 '사의'라는 말도 좋으시대요. 생각과 용모와 언어와 행동을 바르게 한다는 거였죠?"

이전에 만났을 때보다 훨씬 밝은 말투였다. 덩달아 서연이 아버지도 밝아 보였다.

"그래, 얼마나 좋은 생각이야? 그렇게 영락한 처지에 좁은 주막집에 기거하면서도 스스로를 잘 다스리려고 하는 자세. 생각을 다스리고 언어를 다스리고 행동을 다스리며 심지어 용모까지도 바르게 다스리려는 그 자세. 아빠는 정약용의 그 마음이 짠하기도 하면서 존경스럽기도 하면서 그렇더라."

"정약용은 사의재에서 4년을 살았어요. 요즘 생각하면 식당의 구석방 같은 데서 4년을 지낸 거죠. 아까 들르셨다는 그곳은 사의재를 복원해 놓은 곳인데, 제가 보기엔 너무 멋지게 복원해 놓아서, 어려운 환경에서도 빛났던 정약용의 의지 같은 게 오히려 잘 드러나지 않는 것 같더라고요."

복원된 사의재가 그저 전통찻집 같아 살짝 실망했던 기억이 났다.

"맞아요. 주막 자리가 참 아담하고 예쁘더라. 아주 운치 있고 멋지게 꾸며 놓아서 지금 우리가 가서 구경하긴 좋은데, 오빠 말처럼 너무 멋진 게 흠인 것 같네요."

서연이가 말했다.

"강진에 유배를 왔는데 당장 머물 곳도 없고 사람들은 말 걸기도 꺼려 하고. 그러다가 인정 많은 매반가 노파의 도움으로 겨우 식당의 방 한 칸을 얻어 어찌어찌 살게는 되었는데, 그런데 자신의 신세를 생각하니 얼마나 기가 막혔겠어? 처형을 당한 셋째 형에, 절애고도로 유배 간 둘째 형에……. 거의 멸문지화를 입은 셈인데 나는 지금 이 주막방에서 뭐하나 싶었을 거고. 처음에는 방문 밖으로도 잘 안 나왔대. 단시간에 너무 극심한 변화를 겪었으니……. 이해가 가지, 그 심정이? 그래도 오래지 않아 스스로를 다잡고 심신을 바로 세우려 노력했으니 정약용은 정말 의지가 굳은 사람 같아. 물론 쉽지는 않았겠지. 그러니 자신의 방에 '사의재(四宜齋)'라고 써 붙여 놓고 늘 그렇게 하려고 노력했겠지."

젖은 땅을 피해 밟으며 내가 말했다.

"그러기가 쉬웠겠어요? 그래도 스스로를 가다듬으려고 노력했으니 강진에서의 귀양살이 동안 그런 학문적인 업적을 이룰 수 있었겠지요. 대단한 사람이야, 정약용은 정말."

서연이가 진심으로 감탄하는 것 같았다.

"정약용에게 방을 내준 주막집 노파도 대단한 것 같아요. 다들 꺼리는 죄인인데 선뜻 방을 내주는 게 쉬운 일은 아니었을 거예요. 그분 도움이 없었다면 정약용의 삶은 또 어떻게 달라졌을지 모르죠."

서연이 아버지도 말했다.

"복원해 놓은 사의재에도 아줌마가 계시긴 하던데. 아빠랑 거기서 매실차 마시고 왔거든요."

"아주머니께 여쭤 봤더니 그게 강진군에서 운영하는 거래요. 간단한 식사나 음료를 판매할 수 있게 하는 대신 사의재를 관리하게 하나 봐요. 생각 잘한 거지, 입찰 과정에서 돈이 오가는 것도 아니면서 사의재는 잘 관리되고. 무엇보다도 강진 사람에게 의미 있는 곳이니까요, 거기가."

아, 그렇게 관리되고 있었구나. 여러 번 갔어도 어떻게 운영되는지는 처음 알았네.

"아빠는 또 그걸 언제 물어보셨어요?"

서연이가 웃으며 말했다.

"그런데 오빠. 여기 다산초당, 좀 그렇지 않아요? 너무 어둡고 습한 것 같아요. 여기서 공부가 잘됐을까?"

서연이 말이 맞았다. 백련사에서 다산초당으로 넘어오는 숲길은 숲길이니 그렇다 쳐도, 막상 다산초당에 이르면 연지못과 다산초당이 어우러져 아름다운 풍광을 만들고는 있지만 분위기는 영 음습한 것이 마음이 좋지 않았다.

"그렇지? 나도 여기 올 때마다 그렇게 느껴. 그런데 정약용이 머물던 건 200년 전의 일이잖아. 지금처럼 나무가 우거지진 않았을 것 같아. 여기 나무가 없다고 생각해 보자. 앞이 좀 트여 있다면 말야, 저 앞에 강진만이 보일 것 같지 않아?"

초당 앞 숲을 바라보며 내가 말했다.

"아, 오빠는 200년이라는 세월이 흐르는 동안 여기 숲이 우거졌다고 보는 거구나. 그렇게 볼 수 있겠네요. 200년 전이라면 지금 같진 않았겠죠. 그럼 이 앞에 키 작은 나무 정도만 있다고 보고, 그럼 저기 연못이 좀 더 돋보이겠다. 아, 그러고 보니 다산초당이 좀 밝게 보여요."

서연이가 초당 앞을 이리 저리 다니며 팔을 홰홰 내저었다.

"아까 그림은 못 봤나 보지? 여기 좀 봐."

서연이를 불러 초의선사의 〈다산초당도〉 앞에 섰다.

"아, 이런 그림이 있었네? 아빠, 우리가 아까는 이걸 왜 못 봤죠?"

"그러게. 그냥 서암이라는 것만 보고 지나갔구나. 이게 초의선사가 그린 거군요?"

서연이 아버지가 그림 앞으로 다가왔다.

"네, 여기 설명도 있어요. '1812년 음력 9월 12일에 다산 정약용 선생과 초의선사가 월출산을 구경하고 인근 백운동에서 하룻밤 머문 뒤 만든 시화첩《백운첩》에 실린 그림이다. 초의선사는 〈백운동도〉와 우열을 비교할 수 있

도록 시화첩 맨 끝장에 다산초당 전경을 그린 〈다산초당도〉를 수록하였다', 이렇게 적혀 있죠?"

"그러네요, 정말. 월출산이면 영암의 그 월출산이겠군요."

서연이 아버지는 월출산을 아시는 모양이다.

"예. 여기에서 멀지 않으니까요. 여기 그림을 좀 보세요. 자, 서연아, 이리 와 봐. 이게 다산초당의 옛 모습인 거지."

"오빠 말이 맞네요. 다산초당 앞에는 버드나무처럼 생긴 나무가 조금 있을 뿐이네요. 초당 뒤편과 좌우는 소나무처럼 생긴 울창한 숲의 느낌이라면, 초당 앞으로는 좀 트여 있는 느낌인데요?"

"그치? 여기 가운데 좀 봐. 네모난 이 부분."

내가 손가락으로 그림의 한 부분을 가리키며 말했다.

"이게 연못이에요? 지금 연못과는 많이 다른데요?"

"그러네. 지금 연못에는 연못 가운데 산처럼 쌓아 놓은 데도 있고 대나무로 만든 물길도 있어서 멋져 보이는데 이 그림에선 그냥 네모난 연못일 뿐이네? 초의선사가 단순화시켜 그린 건가, 아니면 이 그림을 그릴 당시는 연못을 이렇게 가꾸기 전이었나?"

서연이 아버지가 말했다.

"글쎄요. 하여튼 정약용은 저 연못을 참 좋아했대요. 기록에는 돌을 가져와서 스스로 연못을 꾸몄다고 해요. 저기 연못 가운데 돌 더미 보이시죠? 그게 정약용이 바닷가의 돌을 주워 와서 쌓아 놓고 석가산이라고 불렀다는 거예요. 연못에 잉어도 길렀는데 해배되어 마재로 돌아간 후에도 제자들에게 잉어 이야기를 물어봤대요. 초당 한 켠에 '관어재(觀魚齋)'라고 이름 붙인 현판도 있는데……."

"다산초당 올라오다 보니 왼편에 계곡도 있고, 또 저

기에는 물 길어 먹던 샘도 있는데 굳이 연못을 판 거 보면 정약용은 좀 운치 있는 사람이었나 봐요."

서연이가 말했다.

"그렇기도 하지만, 무엇보다도 화재에 대비한 게 컸어. 목조건물은 화재에 취약하잖아. 만약 불이라도 나면 물이 가까이 있어야 얼른 진화할 수 있지. 고궁에 가면 큰 건물 바로 옆에는 항상 돌로 된 대형 양동이 같은 게 있어. 그걸 '드므'라고 하는데 거기에 물을 담아 두고 유사시에 대비하는 거지. 물론 주술적인 의미도 있어. 불을 내려고 온 화마가 물에 비친 자신의 흉측한 얼굴을 보고 깜짝 놀라 도망가기를 바랐던 거지. 여기도 초당이니까 화재에 대비해야 했겠지. 채마밭이 근처에 있었으니 이 연못이 수원지 역할도 했을 거고."

"아, 그렇군요. 그런데 초당인데 지금은 기와집이네요?"

전문가답게 서연이 아버지는 기와지붕을 눈여겨봤나 보다.

"그래서 다시 복원한답니다. 초당이니 원래는 지붕에 풀을 얹었을 텐데, 복원하면서 기와집이 된 거죠. 이걸 다시 초가로 재복원한대요."

"그렇구나. 그럼 다산초당은 다시 태어나겠네요. 여

기는 크게 세 구역인거죠? 이곳 초당과 동암, 서암."

서연이가 다산초당과 동암, 서암을 번갈아 가리키며 말했다.

"맞아. 동암은 백련사에서 내려오던 저쪽에 있었지? 정약용은 거기에 책을 갖추고 공부를 했고 가끔은 거기서 손님을 맞기도 했대. 《목민심서》도 거기서 집필했다지?"

"거기 '보정산방(寶丁山房)'이라고 쓴 현판이 걸려 있던데요?"

서연이 아버지가 동암 쪽을 가리키며 말했다.

"아, 보셨군요. 서연아, 너도 봤어? 보정산방이라고 쓴 글씨가 멋지지 않았어? 추사 김정희의 글씨를 모각한 건데."

"응, 멋졌어요, 아주 독특하고. 그 글씨체 참 마음에 들던데. 그런데 보정산방이 무슨 뜻이에요?"

"보물 같은 정씨의 산방이라는 뜻이지, 뭐. 정약용을 보물 같은 정씨라고 높여 부른 거야."

"그렇구나. 다산초당에 오면서 정약용의 생활도 많이 안정되었겠네요. 그전에 살던 곳보다 여기가 훨씬 좋은 환경일 거 아니에요?"

"당연하지. 여기저기 떠돌다가 드디어 공부하기 딱 좋은 곳에 자리를 잡았으니. 일단 공간이 넓잖아. 게다가 채마밭도, 연못도, 정약용이 늘 그리던 공간을 다 얻었으니."

"예전에 신문에서 그런 기사를 읽었어요. 정약용이 집을 지으면 채마밭을 갖춘 자급자족형 집을 지을 거라고요."

서연이 아버지였다.

"아, 정민 선생님 글을 읽으셨군요? 정약용은 늘 채마밭에 욕심이 있었어요. 그게 정약용의 취향 문제일 수도 있죠. 서울 살 때에도 마당에 화초를 가꾸고 대나무로 난간을 세워 자기 집을 꾸몄거든요. 거기서 '죽란시사(竹欄詩社)'라는 모임도 했고요. 하지만 그것보다는 정약용의 철학이라고 봐야 할 것 같아요. 채마밭에 대한 욕심이 사대부의 경제활동을 강조하는 정약용의 모습과 일치하니까요."

"채마밭이면 농사짓는 거잖아요. 경제활동이라면 뭘 사고파는 거 아닌가요?"

서연이가 물었다.

"정약용은 사대부가 해서는 안 될 일로 장사를 통해 이문을 남기는 거라고 했어. 그러니 상업은 탈락."

"그러면 농사짓는 게 정약용이 생각한 경제활동이란 말이에요?"

"맞아. 노동의 결과로 생산물을 얻고 그걸 내다 파는 것은 오히려 권장했거든. 요즘으로 치면 생산 후 판매는 괜찮은데 유통은 안 된다, 이런 거지. 정약용은 스스로도 그렇게 살았어. 직접 농사를 지었다고. 해배 후에 마재로 돌아가서는 인삼 농사를 지었고 그걸 통해 경제적인 안정을 얻었지. 인삼밭 이야기는 마재에서도 했잖아. 하여튼 정약용이 실학자라는 걸 잊은 거 아니지? 유배지에서 아들들에게 보낸 편지에는 국화를 심으면 선비에게 경제적으로 꽤 유용하다는 이야기도 나오고, 제자에게 준 글에서는 원포의 중요성도 강조하고 있어."

"원포가 뭔데요?"

"원포? 원(園)은 과수원이고 포(圃)는 채소밭이지. 과일나무도 가꾸고 채소도 심어라, 누에도 쳐라, 뭐 이런 이야기들이야. 그러니까 제자에게도 역시 농사의 중요성, 즉 경제활동의 중요성을 말한 셈이야."

"제가 생각하는 선비의 모습과는 많이 다른데요? 선비는 집에 양식이 없어도 글만 읽는 거 아니었어요?"

고개를 갸웃거리며 서연이가 물었다.

"연암 박지원의 〈허생전〉도 처음 설정은 그렇지? 그래서 고생만 하던 허생의 아내가 허생에게 문제를 제기하잖아. 글만 읽는 게 선비냐고, 차라리 도둑질을 해 오지 그러냐고. 물론 이건 꼭 허생에 대한 아내의 말이 아니라, 당시 양반에 대한 박지원의 문제 제기라고 볼 수 있어. 하여튼 허생은 그런 문제를 결국 상업으로 풀지. 매점매석이라는 부정적인 방법이 등장하기는 하지만 어쨌든 선비의 경제적 문제를 상업을 통해 해결하는 것으로 그리고 있잖아. 정약용은 이 부분을 농업으로 푼 게 박지원과 다르지. 박지원이나 정약용 모두 실학자지만 조금씩 입장의 차이가 있거든. 선비의 경제활동에 대해서도 시각 차이가 있는 거지. 하지만 기본적으로는 같아. 선비도 경제활동을 해서 자급자족할 수 있어야 한다는 것 말야."

"그래서 그 신문 기사에 '채마밭 갖춘 자급자족형'이라는 말이 나온 거군요."

서연이 아버지가 고개를 끄덕이며 말했다.

"네, 그렇죠. 아버님은 건축 관련 일을 하시니까 이런 부분에 관심이 많으시겠네요?"

"하하. 정약용의 탄생 250주년을 기념하는 기획 기사였는데 '다산의 생활공간'이라는 말이 눈에 딱 들어오더라고요. 이것도 직업병이죠. 그런데 정약용 이야기에서 박지원 이야기가 나오다니 좀 의외네요. 저는 두 사람 연대가 같을 거라고는 생각 못했는데."

"아, 연대가 겹치긴 하지만 박지원이 30년 정도 빨

라요."

더 이야기를 이어 나가려는데 저쪽에서 미영이가 손을 흔들고 있었다.

"아버님! 서연아! 안녕하세요?"

미영이가 도착했다. 어느새 점심때가 가까워 오는 다산초당, 산길을 올라오느라 미영이는 땀투성이였다.

"언니!"

서연이가 제일 반가워하는 것 같았다. 한달음에 미영이에게 다가간 서연이는 어느새 미영이 손을 붙잡아 흔들고 있었다.

"그래, 여수 밤바다를 실제로 봤어? 버스커 버스커 노래랑 잘 어울리디?"

"너야말로 도깨비도 아니고 해운대에서 강진은 갑자기 왜 온 거야? 운전도 싫어하는 사람이."

"그러게 말이야."

나는 좀 머쓱해져서 손바닥을 바지에 문질렀다.

"올라오는 길 힘들지 않았어요? 아까 아빠랑 올라오면서 은근히 힘든 길이다, 그랬는데."

"쉬엄쉬엄 왔어. 그런데 여기 오면 혹시 서연이를 만날지도 모른다고 생각은 했지만 진짜 만날 줄은 몰랐네!"

"그쵸? 신기하죠? 저희는 다산초당 다 보고 백련사

로 가는 길이었어요. 그런데 저 앞에서 누가 땅만 보고 걸어오잖아요. 누군가 했더니 달중 오빠인 거예요. 저희도 깜짝 놀랐어요."

어느새 친밀해진 목소리로 서연이가 말했다.

"그래서 다시 되짚어 온 거야? 거리가 꽤 되는데?"

"에이, 오솔길 접어든 지 얼마 안 되었던 때예요. 5분도 안 갔는데요, 뭐. 덕분에 달중 오빠에게 신나게 설명 듣고 있었어요."

"신나게? 아버님, 서연이는 정말 특이한 애예요. 정약용에 대해 이렇게 열심히 파고드는 고등학생이 몇이나 되겠어요? 그나저나 춘천에서 강진은 정말 먼 거리인데, 아버님 운전하시느라 고생하셨겠어요."

씩씩한 미영이답다.

"아닙니다. 저는 서연이가 시간 내줘서 오히려 감사하며 다니고 있어요."

"에이, 아빠. 자꾸 그러지 마세요."

"하하하. 그래, 이제 설명은 다 들으셨어요?"

한결 편안한 자세로, 미영이와 서연이가 맞잡은 손을 흔들고 있었다.

"네, 뭐. 제가 잘 모르니까 더 들어야 할 설명이 얼마나 남았는지도 잘 몰라요. 하하."

서연이 아버지가 웃으며 대답했다.

"조금 전까지 그 문제 이야기하고 있었어. 우리가 늘 말하는 '전체의 문제'. 이제 막 그 이야기를 꺼내려던 참이야."

내가 말했다.

"어, '전체의 문제'라니요?"

"달중이랑 나랑 '전체의 문제'라고 부르는 게 있어. 정조 시대 전체의 문제, 뭐 이런 거."

"정조 시대 전체의 문제요?"

"응, 이를테면 이런 거야. 우리가 정약용 이야기를 많이 하잖아. 정약용 몇 세에 무슨 일이 있었는지, 정약용이 살았던 시대에는 어떤 사건이 일어났는지, 공서파와 신서파가 무얼 어떻게 했는지. 이런 이야기들의 중심에는 정약용이 있고 정약용을 중심으로 원을 그리면 그 반경 안에 정조도 들어가고 남인도 들어가지."

미영이가 흙바닥에 원을 하나 그리며 말했다.

"그런데 정약용 중심으로만 보게 될 때 놓치는 것들이 있잖아. 그중 하나가 실학자 그룹이야. 예를 들면 연암 그룹 같은. 정약용의 원과는 많이 겹치지 않지만 그들의 원도 정조 시대의 한 모습이었어. 다들 정약용 따로, 연암 그룹 따로, 이렇게 따로 따로 이야기하지만 사실 그들은 다 같이 영조, 정조, 순조까지 이어지는 조선 지식인의 한 흐름이잖아. 그래서 우리는 가능하면 이 그룹들을 종으로 횡으로 엮어 가며 보려고 하는 거야."

"아, 그렇구나. 그럼 정약용이 박지원과 친하게 지냈어요?"

"아까 잠깐 말했지만 정약용과 박지원이 살아간 시대는 겹치지만 시차가 있어. 박지원이 정약용보다 서른 살 정도 많았거든. 두 사람은 당색도 달랐고."

내가 말했다.

"정약용은 남인이라고 했지? 남인 중에서도 기호 지방의 근기남인이었는데 비해, 박지원은 노론의 자제였어. 남인과 노론, 이렇게 당색이 다르니까 따로 만나거나 교유를 하지는 않은 것 같아."

미영이도 한마디.

"박지원 외에 박제가도 연암 그룹에 들어가는데 박제가도 정약용보다 10년 정도 빠르거든. 그런데 참, 박제가는 정약용과 만나는 지점이 있어."

"아, 저 알아요. 종두법 연구죠? 전에 《마과회통》 이야기하면서 말했잖아요."

뜻밖에 서연이가 기억하고 있었다.

"그거 안 잊어버렸어? 맞아. 그런데 하나 더 있어. 바로 화성이야."

"화성이요? 제가 다녀온 거기?"

"그래. 서연이 너는 화성 건축에서 정약용이 어떤 역할을 했는지 알지?"

"예. 규제를 지었으니 거의 기본 계획을 세운 셈이라는 거, 또 거중기를 만들어 경비를 절감했다는 거."

"맞아. 그런데 그 화성이 벽돌을 쌓아 만든 성인 거 기억나니?"

"기억나요. 까만 벽돌 같은 걸로 둥글게 쌓은 부분도 있었고. 아빠는 그거 보시고 약간 중국의 성 비슷하다고 하셨어요."

잠시 생각하는 듯하더니 서연이가 말했다.

"역시 건축 관련 일을 하시니……. 아버님 말씀이 맞습니다. 벽돌로 성을 쌓은 것이 중국의 성과 비슷한 면이 있죠. 그런데 그렇게 벽돌로 성을 쌓자고 건의한 게 바로 박제가였어요."

"박제가가요? 학교에서 박제가 배울 때는 《북학의》 이야기를 같이 들었어요. 우물물을 자꾸 퍼내야 새로운 물이 더 많이 생기는 것처럼, 경제를 살리려면 소비를 장려해야 한다, 그래야 경제가 잘 돌아간다, 뭐 이런 이야기. 맞죠?"

"그래, 그게 박제가의 주장이지. 또 하나 놀라운 주장이 있어. 중국어를 공용어로 써야 한다는 거."

"중국어를 공용어로 쓰자고 했다구요? 박제가가?"

서연이의 눈이 커졌다.

"응. 요새로 치면 영어를 공용어로 쓰자, 이런 주장이라고 할 수 있지. 지금이야 영어권 국가들이 세상의 중심 역할을 하고 있지만 그 당시에는 중국이 세상의 중심이었거든. 박제가는 그 시절로는 드물게 네 번이나 청나라에 다녀왔고, 청나라의 발전된 문물에 깊이 감동받은 상태였어. 그러니 중국어를 공용어로 쓰고 중국의 발전된 문물을 보다 적극적으로 받아들여야 한다, 이런 주장도 하게 된 거지."

"그래서 화성도 벽돌로 쌓자고 한 거군요?"

"그렇지. 중국에서 그런 방식으로 쌓은 성들을 보고 왔거든. 그게 아주 좋아 보였나 봐. 지금 우리 사회와도 별로 다르지 않지. 요즘은 미국에서 교육 받고 온 사람들이 미국식으로 사회를 이끌어가려고 하잖아. 입시도 미국식으로 하려 하고 있고. 선진 문물을 접한 사람들에게는 그 선진 문물이 최고의 선(善)으로 보이게 되나 봐."

"그나저나 박제가의 주장이 받아들여졌다면 지금 우리나라의 공용어는 중국어?"

장난기 어린 목소리로 서연이가 말했다.

"그럴지도 모르지. 니 하오 마, 서연?"

나도 서연이 장난에 맞장구를 쳤다.

"현대에 와서 한동안은 영어를 공용어로 쓰자는 주장도 있었어. 소설가 복거일 같은 사람이 그런 주장을 했지. 그런 걸 보면 역사는 비슷한 패턴이 반복되기도 하는 것 같아."

"그럼 박지원, 박제가, 정약용은 모두 같은 실학자지만 그 색깔이 좀 다른 건가요?"

서연이가 다시 진지해졌다.

"그렇지. 실학자는 크게 경세치용 학파와 이용후생 학파로 나눌 수 있어. 경세치용 학파는 농업 중심의 개혁론을 주장한 쪽이고, 이용후생 학파는 청나라 문물을 적극 수용해서 부국강병과 이용후생에 힘쓰자는 쪽이야. 서연이 네 생각에 정약용은 어디에 속할 것 같아?"

"아까 채마밭 이야기로 미루어 보면 경세치용 학파일 거 같고, 박제가는 청나라 문물을 강조하는 쪽이니까 이용후생 학파일 것 같은데요?"

"금방 알아듣네? 맞아. 경세치용 학파에는 정약용이라든가《반계수록》의 저자 유형원, 성호 이익, 이런 사람들이 들어가. 이용후생 학파에는 박지원, 박제가를 비롯해 홍대용, 이덕무 같은 사람들이 있고. 이 사람들은 청나라 문물을 수용하자는 입장이어서 따로 '북학파'라 부르기도 하지."

미영이가 흐뭇한 눈길로 서연이를 바라보며 말했다.

"아, 그래서 사대부의 경제활동을 강조하면서도, 정약용은 농업으로 접근하는 거고 박지원은 상업으로 가는 거군요. 그런데 이렇게 이야기를 듣다 보니 정약용도 그냥 그런 실학자 그룹의 한 사람으로 보이는데요? 아까까지는 정약용이 굉장히 거대한 사람 같았는데."

서연이의 목소리가 살짝 가라앉아 있었다.

"음, 무슨 말인지 알 것 같아. 우리가 그동안 정약용만 계속 따라가고 있었기 때문에 정약용이 정조 시대의 전부인 것 같았는데, 지금 실학 이야기만 해도 벌써 다른 실학자들이 많이 등장하니까, 정약용도 그런 중요한 실학자 중 한 명이구나 하는 그런 느낌을 받았다는 거지? 즉, 정약용이 전체인 줄 알았는데 어쩌면 부분일 수도 있다는 그런 느낌?"

서연이 마음을 다 안다는 듯 미영이가 서연이 눈을 들여다보며 말했다.

"아, 맞아요. 그런 느낌. 정약용이 전체가 아니구나, 그 말이 딱 제 느낌 그대로예요."

서연이가 고개를 끄덕였다.

"바로 그 점이 아까 말했던 '전체의 문제'야. 우리가 일부러라도 의식하려고 하는 문제고."

서연이 어깨를 툭 치며 내가 말했다.

"정약용이 훌륭한 학자였던 것은 맞아. 정조 시대의 중요한 인물인 것도 맞고. 그러나 정약용이 바로 정조 시대의 전부는 아니라는 거지. 정약용도 정조 시대의 다양한 구성원 중 한 명이었다는 거야. 지금처럼 실학자 이야기만 해도 정약용과 비슷하게 중요해 보이는 사람들이 많잖아. 박지원 이야기가 나오면 문체반정 이야기도 중요하게 대두될 거고, 박제가 이야기가 나오면 서자의 등용 문제도 이야기 안할 수 없고. 서자의 등용 문제를 이야기하자면 백동수 이야기도 다뤄 줘야 하지. 실학자에서 서자로 이어지는 그룹 외에도 노론 이야기를 하자면 할 이야기는 더 많아. 심환지부터 시작해서 할 이야기가 얼마나 많겠어. 노론은 누가 뭐래도 그 시대의 주류였는데. 그러니까 정약용에 대해서 개별 탐구도 하면서 한편으로는 정조 시대 전체를 늘 의식해야 한다, 이게 우리 생각이고 또 다짐이야."

미영이가 서연이 어깨를 쓰다듬으며 이야기했다.

"그런데 질문 하나 해도 될까요?"

서연이 아버지였다.

"예, 아버님. 말씀하십시오."

"제가 뭘 잘 모르고 하는 말인지는 모르겠지만요, 물론 저도 서연이가 관심을 갖게 되어서 그때부터 정약용 선생에 대해 조금씩 알아가는 중이기는 한데 말이죠……. 정약용이 훌륭한 행정가였고 위대한 학자였다는 것은 잘 알겠습니다. 그런데 현실적으로 보자면 유배에서 돌아온 이후에는 이렇다 할 정치적 활동을 하지 않았지 않습니까?"

"그렇죠."

"그럼 강진에서 그렇게 많은 책들을 썼다고 해도, 다시 벼슬길에 나가 이름을 떨치거나 가문이 잘되어서 세간의 관심을 받거나 한 게 아닌데 어떻게 정약용의 업적들이 주목을 받았는지 궁금해요. 그렇지 않습니까? 다시 벼슬을 한 것도 아닌데 어떻게 재조명될 수 있었는지. 그렇다고 제자들이 잘 되어서 스승의 이름을 높인 것 같지도 않은데 말이죠."

"아, 그러니까 아버님은 정약용이 다시 부상한 과정이 궁금하신 거죠?"

"네, 바로 그겁니다. 어떻게 정약용이 부각될 수 있었는지 저는 그게 궁금해요."

어느새 다들 다산초당 툇마루에 걸터앉아 있었다. 잠깐씩 시원한 바람이 지나가곤 했다.

"그 부분은 정약용 연구사와 겹치는 부분입니다. 그 당시 사회 분위기에서 천주교라는 건 80년대 맑시즘 같은 거였어요. 그러니 정약용의 책들은 해배 이후에도 당당히 읽기에는 좀 찜찜한, 거의 불온서적 정도로 간주되어 한동안 사장되다시피 했었죠. 그러다가 1900년이 되어서야 정약용의 저서들이 세상에 나옵니다. 〈시일야방성대곡〉으로 유명한 장지연이 주도해서 《목민심서》와 《흠흠신서》를 간행하면서 정약용의 책들이 비로소 세상에 그 모습을 드러내게 되지요. 여기에는 장지연의 정약용과의 개인적 인연이 작용했어요. 장지연이 정약용의 후손인 정관섭에게 공부를 배웠거든요."

다산초당의 기둥에 몸을 기대며 내가 말했다.

"정약용에 대한 본격적인 관심은 1930년대 조선학 운동의 영향이 크죠. 조선학 운동의 일환으로 정약용 서거 100주년에 맞추어 정약용의 저술들을 모아 《여유당전서》를 발간하게 되는데, 정인보, 안재홍, 최익한 등이 발간을 주도하게 됩니다. 여기서 주의하실 점. '다산전서'가 아니라 '여유당전서'라는 것이죠. 이 사람들은 강진에서의 저술 외에도 정약용의 전 생애를 염두에 둔 거라 '여유당전서'라고 이름을 붙인 듯해요."

미영이가 이어서 이야기했다.

"위당 정인보는 워낙 유명한 국학자잖아요. 국학이라는 말을 처음 사용했고 국학 연구의 기초를 실학에서 찾으려고 했어요. 하여튼 이 세 사람에 의해 정약용은 조선 실학의 집대성자로 평가됩니다."

이번에는 나.

"이중 최익한은 훗날 월북을 했는데, 남한에서는 1959년에 홍이섭이 정약용의 정치 경제 사상을 다룬 단행본을 내고, 북한에서는 최익한이 1955년 《실학파와 정다산》이라는 단행본을 출간했어요. 북한 쪽 책에서는 아무래도 정약용을 혁명가로 평가하는 면이 커서……. 최익한은 《경세유표》와 동학의 연관성을 제기하기도 했어요. 그래서 일각에서는 동학에 정약용의 《경세유표》가 영향을 끼쳤다는 일종의 '설'을 주장하기도 하지요."

미영이가 말했다.

"아, 그러니까 정약용에 대한 관심은 국학에 대한 관심에서 출발한 거네요."

서연이 아버지가 정리하듯 말했다.

"예. 그때가 일제강점기였잖아요. 정치적으로는 비참하고 왜소했지만 우리가 원래 그런 민족은 아니다, 그러니까 민족에 대한 관심과 자부심 같은 것을 고취시키는 과정에서 정약용을 부각시킨 거죠."

"그러나 일제강점기였기 때문에 한동안 국학 연구는 침체기를 맞게 되죠. 정약용에 대한 관심도 마찬가지였고요. 그러다가 80년대 민주화 운동 과정에서 정약용에 대한 관심이 다시 생겨났어요. 벽사 이우성 선생은 실학을 점검하면서 실학자 그룹을 경세치용 학파, 이용후생 학파로 분류해 냈고 이후로도 정약용 연구에 앞장서지요. 임형택, 송재소 같은 연구자들도 정약용 연구에 공이 크고요. '실시학사' 같은 주목할 만한 학자 그룹도 있어요."

문회 선생님, 공옥 선생님도 모두 '실시학사'에서 공부하는 분들이다. 벽사 선생님은 여든이 넘은 고령인데도 '실시학사' 선생님들과 화요일마다 정약용의 저술을 강독하고 계신다.

"요즘 들어 정약용 연구는 예전보다 다양한 관점에서 진행되고 있어요. 정약용의 생애에 대한 주목, 그의 관심에 대한 접근, 사제 관계 조명, 뭐 이런 식으로 아주 다양하게 진행되고 있죠."

"미영 언니나 달중 오빠는 여기서도 전체의 문제를 생각하겠는데요?"

서연이였다.

"아, 서연아. 감동이다, 우리 마음을 헤아려 주고. 맞아. 우리는 정조 시대라는 전체를 조망하면서 이런 개별 연구가 진행되어야 한다고 생각해. 드디어 우리 대화가 통한다, 그치?"

내가 웃으며 말했다.

"참, 오빠도……. 저도 질문 있어요. 그때 오빠가 추천해 줘서 이번에는 정약용의 연보를 읽어 보고 왔거든요. 정약용이 강진에서는 어떤 책들을 썼나 궁금해서요. 그런데 생각보다 재미없는 책들인 거 같아요. 저는 정약용의 관심이 다양할 거라고 생각했는데 실제로 강진 시절에 쓴 책들은 꽤 딱딱하더라고요. 그건 왜 그럴까요?"

어라, 이 녀석 봐라? 서연이의 이런 모습이 미영이와 내게는 때때로 놀랍다.

"그걸 읽고 왔다고? 게다가 질문이 정말 예리한데? 서연이 네가 잘 봤어. 정약용의 다양한 학문적 관심에도 불구하고, 강진에서 그가 주력한 것은 네가 딱딱하다고 말하는 경학 연구였어. 《기해방례변》, 《상례사전》, 《논어고금주》, 《맹자요의》, 《대학공의》, 《중용자잠》, 《소학지언》, 《방례초본》……. 듣기만 해도 딱딱하지? 《경세유표》나 《목민심서》가 오히려 특이해 보일 정도야. 시를 좀 쓰기는 했지만 말이야."

"정약용은 왜 그랬을까? 유배지라는 새로운 환경에서는 그에 맞는 것들에 관심을 갖는 게 더 자연스럽지 않았을까? 흑산도로 유배 간 정약전이 흑산도 주변의 바다생물에 대해 연구하고 《현산어보》를 남긴 것처럼. 그런데 정약용은 오히려 경학 연구에 매달렸어. 왜 그랬을까?"

미영이가 서연이에게 물었다.

"그러게, 왜 그랬을까요?"

"정약용에게 어려움이 닥친 것은 천주교 때문이었지. 천주교 때문에 벼슬길에서도 괴로움을 겪었고, 무엇보다도 강진까지 유배를 왔잖아. 정약용은 해명하고 싶지 않았을까? 내가 천주교 자체를 믿은 게 아니라 뭔가 도움이 될까 해서 새로운 사상을 탐구해 본 것뿐이다, 나는 원래 유자였고 지금도 유자이다, 봐라, 나는 늘 경학에 관심이 있고 평생 경학을 연구해 왔다, 뭐 이런 거 아니었을까?"

서연이가 이번에는 잘 모르겠다는 눈치다.

"강진에 도착해서 한동안은 두문불출했다고 했지? 건강도 안 좋았대. 어깨 마비가 오고 시력도 많이 떨어져서 안경을 써야 했고. 그래도 결국 몸을 일으키고 정신을 가다듬어 경학 연구에 매진한 거지. 그게 경학 연구를 통해 천주교와의 관련성을 부정하려는 어떤 '보여 주기'만은 아니었을 거야. 수기가 반이고 목민이 반이라고 생각한 유학자 정약용에게는 경학 연구가 아주 중요한 일이었을 거라고."

"그럼 강진에서의 경학 연구가 어떤 결실을 맺긴 했나요? 그렇게 어려운 상황에서도 공부를 했는데……. 저술을 많이 남겼으니 결실을 본 거겠네요."

조금 알 것 같은 걸까? 서연이의 표정이 아까보다 가볍다.

"그렇지. 사람들은 정약용의 철학을 성기호설이라는 말로 정리해. 맹자의 성선설, 순자의 성악설처럼, 정약용의 성기호설, 이렇게."

"성선설은 사람이 원래 선하게 태어났다는 거고, 성악설은 사람이 악하게 태어나니까 잘 가르쳐야 한다는 거죠? 그럼 이때의 성은 본성쯤 되나?"

오호라, 이 녀석. 어느새 서연이와 대화가 된다.

"그래, 맞아. 성리학의 이기론이 인간과 세계를 설명하는 이론이라고 했었잖아? 그런데 정약용의 시대가 되면 이런 성리학의 이기론이 더 이상 인간과 현실에 대해 이야기하지 못하게 돼. 그래서 어떤 사람들은 이기론을 폐기해야 한다고 주장하지."

대견하다는 눈빛으로 미영이가 말했다.

"이런 주장은《천주실의》의 이기론(理氣論) 비판에 영

향 받은 바가 커. 성리학은 본성이 리(理)라는 거잖아? 이기론이라고는 하지만 리(理)를 아주 중요하게 생각하는 거지. 그런데《천주실의》에서는 리를 자립적 존재가 아니라, 자립적 존재에 의존하는 어떤 속성에 불과하다고 보거든. 성리학과는 입장이 완전히 다르지?"

"정약용이 정조가 내준《중용》과제를 해결할 때 율곡설을 지지했다고 했지? 그때 그 근거가《천주실의》의 '기는 자립자, 리는 의지자'였다고 했던 거, 기억나니?"

서연이가 살짝 고개를 끄덕인다.

"성리학에서는 리(理)가 존재론적으로 아주 중요한 의미를 지니고 있어. 본성도 리, 천(天)도 리, 도덕적인 인(仁)도 리라고 봤거든."

"그런데《천주실의》에 따르면 리는 그냥 속성에 불과한 거야. 존재론적인 의미, 이런 거 없는 한낱 속성."

"그러니까《천주실의》의 이런 이론을 수용하게 되면 성리학의 이론은 설 자리가 없게 되는 거지.《천주실의》를 읽고 그 이론이 타당하다고 생각하는 사람들에게 이제 성리학은 사상적으로도 무의미한 이론이 되는 거야."

"이런 내용을 바탕으로 정약용은 내면 수양이 아닌 새로운 수양론을 만들어 내."

만담하듯 미영이와 내가 번갈아 가며 말했다. 이럴

땐 우리 둘이 제법 호흡이 잘 맞는다.

"새로운 수양론이요?"

서연이가 말했다.

"응. 이전까지는 내면 수양을 강조했지. 그런데 정약용의 생각은 달랐던 거야. 혼자 들어앉아 현실과 동떨어져 내면의 인격을 도야하는 게 유학자가 해야 할 수양은 아니라고 본 거야. 정약용은 수기가 반이고 목민이 반이라 주장했잖아. 성리학의 그런 내면 수양으로는 수기밖에 더 되냐는 거야. 백성을 사랑하는 목자된 자의 윤리, 그 부분도 있어야 한다는 거지."

미영이가 고개를 끄덕이며 말했다.

"성리학은 본성이 리라고 본댔지? 그런데 성기호설은 본성을 리 그 자체로 보지 않고 선을 좋아하고 악을 싫어하는 기호라고 보는 거야. 커피는 기호 식품이다, 이럴 때의 그 기호. 선을 좋아하고 악을 싫어하는 그런 성향을 인간이 가졌다는 거지. 본성 자체로 완전한 리다, 또는 완전한 덕이다, 이렇게 보는 성리학과는 입장이 다르지? 그러니까 성기호설에 따르면, 본성의 성향을 따라 선을 행하고 악을 행하지 않겠다는 마음의 굳센 의지, 구체적 실천, 이런 게 중요하게 된 거야."

"아까, 성리학은 천(天)도 리라고 한댔지? 정약용은

천은 리가 아닌 상제라고 봤어. 상제, 즉 인격적인 절대자 같은 것으로 본 거지."

"아, 상당히 천주교적인 시각 아닌가요?"

서연이가 한마디 거들었다. 얼핏 서연이 아버지 얼굴에 흐뭇한 표정이 스쳐 지나갔다.

"그런데 같이 성리학을 비판하던 사람들과 정약용은 좀 차이가 있어. 이전 것을 부정하는 것에 그치지 않고, 인간과 세계를 설명하던 고전적 개념에 새로운 의미를 부여해서 윤리적 수양론을 만들어 냈다는 점이 정약용의 특징이야."

"그런 점에선 박지원, 박제가 같은 실학자들과는 좀 차이가 있어. 북학파들은 청나라 문물을 수용하는 것을 중요하게 여겼잖아? 새로운 것으로 기존 것을 대체하려 한 거지. 이런 사람들에게 과거와의 연결 같은 것은 별로 중요하지 않은 문제였어. 어차피 바꿔야 하는 거고, 또 바꿀 거니까, 뭐."

"그런데 정약용은 좀 다르지. 그간의 학문적 전통을 재검토하고 그 바탕 위에서 새로운 비전을 열려 했거든. 완전히 새로운 것으로 대체하는 것이 아니라. 동양지성사라든가 한국사상사 같은 맥락에서 보면 정약용은 그런 점에서 아주 중요한 사람인 거지. 그러니까 아까 여러 실학자 가운데 한 사람이라는 말이 어떤 점에서는 맞지만, 경학 연구를 놓고 볼 때는 틀린 말이야. 학문적 전통을 종합적으로 재검토하고 거기서 출발했잖아. 바로 그 점에서 정약용은 분명히 실학의 중심인물이고 실학을 집대성한 아주 중요한 인물인 거지."

빠른 속도로 말을 하고 난 후 미영이가 살짝 숨을 내쉬었다. 그렇지, 어렵고 진지한 대화 주제이지.

"그렇군요. 그런 정약용의 연구가 제자들을 통해 확장되어 나갔다면 더 좋았겠는데요. 다산초당으로 옮기고서도 제자들과 공부를 같이 했나요?"

"그럼. 저기 서암에 묵으면서 제자들이 공부를 했지."

"여기가 학교이자 기숙사였군요. 그럼 식사는 어떻게 했지? 뒤치다꺼리를 해 주는 사람이 있어야겠어요."

"그래. 아마 홍임 모가 아닐까 추측하고 있어."

"홍임 모가 누구예요?"

호기심 가득한 눈으로 서연이가 물었다.

"정약용이 강진에서 18년을 살았는데 여기서 정약용의 수발들 사람이 있어야 했겠지. 실제로 그런 사람이 하나 있었고, 그 사람과의 사이에서 딸을 얻었는데, 그 딸 이름이 홍임이야. 그래서 홍임이 엄마, 그러니까 홍임 모가 다산초당에서도 정약용 곁을 지켰을 거라는 거지."

"여기서 결혼을 한 셈이네요. 그런데 마재에 부인이 살아 있지 않았어요?"

"살아 있었지. 홍씨 부인이 마재를 지키고 있었잖아. 1818년에 해배되어 마재로 돌아갈 때 정약용은 홍임이 문제로 인간적인 고민이 많았던 것 같아. 강진에 두고 갈 수도 없고 마재로 데려갈 수도 없고."

"아니, 왜요? 자기 부인이고 자기 딸인데?"

서연이가 눈을 동그랗게 떴다.

"예전에는 서자나 서녀에 대한 대우가 그랬어. 정실이 아닌 경우에도 대접을 못 받았고."

"그래도 그렇지. 그럼 강진에 두고 갔단 말이에요?"

"나중에 마재로 부르마, 그렇게 약속하고 혼자 떠났지. 시간이 흘러도 소식이 없어서 그랬는지, 얼마 뒤에 홍임 모가 홍임이를 데리고 마재로 올라갔대. 그 먼 길을 말이야. 그런데 홍씨 부인이 은근히 박대를 했나 봐. 정약용이 사는 자기 집에 안 재우고 하루는 어머님 댁에, 하루는 동생네 집에 재우면서 일종의 눈치를 준 거야."

"어머나. 어떻게 그럴 수가 있어요?"

서연이 목소리가 조금 커졌다.

"아까도 말했지만 정실부인이 아니니까. 결국 홍임 모는 홍임이를 데리고 강진으로 되돌아갔고 그게 알려진 내용의 전부야. 홍씨 부인을 강하게 만류하지 않았으니 정약용의 방조도 있었던 셈이고."

"아, 좀 실망인데요?"

정말이지, 서연이 목소리에 실망한 기색이 역력했다.

"그러게. 정약용이 나서서 홍임이 모녀를 강하게 챙겼다면 서연이가 정약용한테 느끼는 인간적인 매력이 배가 되었을 텐데 말이야."

내가 웃으며 말했으나 서연이는 따라 웃지 않았다.

"그럼 그 모녀는 강진에 돌아가서 살았어요?"

"그건 모르지. 나중에 홍임이가 결혼해서 자녀들을 낳았다면 밝혀지지 않은 정약용의 후손이 더 있는 셈인데. 예전에는 서자 서녀가 그렇게 살았다니까. 《홍길동전》에도 나오잖아. 아버지를 아버지라 부르지 못하고, 형을 형이라 부르지 못하고."

미영이가 서연이의 눈치를 살피듯 조심스레 말했다.

"잘 알려지지 않았지만 정약용에게도 약횡이라는 서자 이복동생이 있었는데, 뭐. 자, 이제 백련사로 다시 가 볼까?"

일행은 오솔길로 접어들었다. 마지막 홍임이 이야기에서 서연이는 상당히 마음이 상한 모양이었다. 그런 서연이가 마음에 걸렸는지 미영이는 서연이 손을 잡고 나란히 걸었다.

그사이 시간이 흘렀다. 아침에 혼자 걸어오며 보았던 풍경들에 나뭇가지 사이로 쏟아지는 햇살이 더해져, 숲은 더 아름답고 생기 있어졌다. 어느새 미영이와 서연이는 저 앞으로 걸어 나갔고 나는 서연이 아버지와 나란히 걷게 되었다.

"서연이는 음악을 해서인지 감수성이 참 풍부한 것 같아요. 정약용에 빠지는 걸 보니 호기심도 많고 열정도 많고."

"그러게요. 그런 걸 잘 살려 주면 훌륭한 예술가가 될 수 있을 것 같은데 제가 혼자 키우다 보니 챙겨 주진 못해요. 아빠가 많이 부족하죠."

발끝으로 작은 돌을 걷어차며 서연이 아버지가 말했다.

"아버님도 별말씀을 다 하세요. 서연이가 저렇게 예쁘고 바르게 잘 자라고 있는 거, 아버님 덕인 거 아시죠?"

"달중 군 보기에도 서연이가 잘 자라고 있는 것 같나요? 내 딸이니 내 눈에는 그렇게 보이지만……."

아버지 목소리에 사랑이 담뿍 묻어났다.

"그럼요, 아버님."

"그래도 지금은 괜찮아요. 어느새 열여덟이 되었으니

이젠 어른이나 마찬가지죠. 힘들었던 때는 초등학교 다닐 때였어요. 밖으로 다니는 직업인데 아이까지 나를 따라다니다가는 안정감을 못 가질 것 같았어요. 할머니네로, 이모네로, 큰집으로 서연이가 고생이 많았죠. 제가 정약용 선생님께 고마워한다고 했죠? 그거 진심이에요. 덕분에 서연이가 재잘대는 소리도 듣게 되고. 재가 말수가 적던 아이거든요."

건축 현장을 옮겨 다니는 아버지가 혼자 아이를 키우는 것은 얼마나 힘든 일일까. 게다가 초등학교 다니는 여자애라니.

"저희 보기에도 처음보다 많이 밝아졌어요. 이제 겨우 네 번째 만나는 거지만 그 사이에도 변화가 느껴져요."

"요 며칠은 저를 얼마나 챙기는지. 외롭지 않냐며 농담도 하더라고요."

안심이 담긴 목소리다.

"서연이는 앞으로 더 잘할 거예요, 아버님. 걱정 안하시고 가만히 지켜보시기만 하면 될 것 같은데요. 참, 아버님께서 작은 나무배를 하나 주워다 주셨다고요?"

서연이는 미영이와 함께 저 앞에 걸어가고 있다.

"아, 그 배요? 공사 현장에서 우연히 손으로 만든 배를 주웠어요. 간단히 만든 거지만 배 옆에 열수라고 새겨져 있었죠. 제가 형님처럼 생각하는 교수님이 계신데 그 분이 정약용의 또 다른 호가 열수라는 걸 알려 주신 후로 서연이가 정약용 공부에 빠졌답니다. 서연이는 그 배를 정약용이 만들지 않았나 생각하던데 내가 보기에 그건 아니고요. 요새 만든 간단한 배예요. 거의 배 모양으로 생긴 나무토막이라고 봐야죠."

정말 그 배가 맞는 것 같다.

"말씀드리기 민망합니다만, 그 배, 제가 아는 배인 것 같아요."

"뭐라고요?"

서연이 아버지가 발걸음을 멈추었다. 그러게, 이런 희한한 우연이 생길 줄 누가 알았을까. 뭐랄까, 좀 난감한 기분마저 들었다.

"벌써 4, 5년쯤 된 것 같은데, 여름방학 때 강원대학교에서 학회를 했어요. 저도 학회에 따라갔고요."

"강원대학교라면 춘천에 오셨던 거군요?"

"예. 1박 2일이었죠. 글로만 대하던 교수님들이 다 오셔서 저는 좀 어렵기도 하고 설레기도 하고 그랬어요. 게다가 그런 교수님들과 밥도 먹고 술도 마시고. 술 마시면서도 공부 얘기만 하는 그런 분위기는 밖에서는 잘 경험하기 어려운 일이잖아요. 새벽 두 시쯤 되었나, 그제서야 술자리가 끝났고요, 다들 숙소로 돌아갔죠. 기숙사가 숙소였는데……. 저는 술도 좀 깰 겸, 친한 누나 한 사람이랑 미영이랑 그렇게 셋이서 강원대 캠퍼스를 산책했어요. 그러다가 백령관이었나, 그 앞 나무의자에 한동안 앉아 있었어요. 저는 한국학 공부를 시작하는 포부, 뭐 이런 얘기를 했던 것 같아요. 미영이랑 그 누나는 논문 이야기를 많이 했던 것 같고. 그 누나는 옛 그림의 제(提)와 발(拔), 왜 그림 주위에 글들이 있잖아요, 그런 제와 발을 연구하고 있었고요. 미영이는 정약용의 시에 대해 논문을 준비하고 있었거든요. 하여튼 셋이서 이런 저런 이야기를 한참 했는데 이야기하면서 별생각 없이 나무토막으로 이런 저런 걸 만들었던 것 같아요. 긴 시간 이야기하면서 손이 좀 심심해서……. 마침 주머니에 맥가이버 칼도 들어 있었고……. 무의식적으로 한 거라 뭘 만들었는지 기억도 잘 안 나고, 또 다 쓸모없는 거였는데, 딱 하나, 조각배 비슷한 모양이 나왔어요. 가지가 붙어 있는 나무토막이었는데 좀 그럴 듯했거든요."

"맞아요, 못을 쓰거나 하진 않은 배였어요. 그냥 배 형태 나무토막에 가까웠어요."

"예, 맞아요. 그게 제법 배처럼 보이자 미영이가 거기에 글씨를 새겼어요. 가로등 불빛 아래에서 맥가이버 칼로 꾹꾹 눌러가면서. 논문 준비 중이던 미영이는 '열수'라고 새기고 싶었겠지만 획이 많은 '열'자는 좀 어려웠고, 겨우 '수'자만 알아볼 수 있을 정도였어요."

"이런 우연이. 그런데 제가 찾은 배에는 한자가 정확하게 새겨져 있었어요. 그걸 보고 '열수'라는 걸 알았고, 그래서 서연이가 정약용 유적들을 답사하게 된 거예요."

조금 흥분한 목소리로 서연이 아버지가 말했다.

"아, 저희는 그런 정도로만 만들고 말았는데, 같이 갔던 누나가 그날 밤 그 배를 더 만졌대요. 저번에 서연이가 서울 왔을 때 그 배 이야기를 해서 저희가 깜짝 놀랐어요. 그래서 그 누나에게 연락을 해 봤어요. 지금 북경에서 학위하고 있는데, 그 누나도 많이 놀라더라고요. 이런 우연이 어디 있냐고."

"그분이 기억을 하시던가요?"

반쯤 놀라움이 묻어 있는 목소리였다.

"그럼요. 그날 밤 잠을 설친 누나가 필통 속 커터 칼로 미영이가 새기다 만 '열수'라는 글자를 마저 새겼대요. 그런데 그 뒤로는 기억이 안 난대요. 서울에 가져갔는지 그 방에 버려뒀는지 그건 도통 생각이 안 난대요."

"저는 그걸 아포리에서 주웠어요. 춘천 근처죠."

이해가 간다는 목소리였다. 확신할 수는 없지만 그래

도 상당히 개연성이 있지 않은가. 그래서 나와 미영이도 놀란 마음 반, 신기한 마음 반이었지.

"숙소에서 아포리까지의 여정은 그 배만 알겠네요. 그 누나도 기억을 못하고, 저희도 전혀 그 내용은 모르고요."

잠시 침묵이 흘렀다. 서연이 아버지도 나처럼 그 배의 숨겨진 여정을 상상하는지도 몰랐다.

"열수라는 호, 그 당시 미영이가 애착을 갖고 있던 말이거든요. 서연이도 그 배를 정약용이 직접 만든 거라고는 생각하지 않아서 다행이에요."

"그럼 서연이는 아직 모르겠네요? 그 배가 두 분과 관련이 있다는 걸."

길가로 뻗어 나온 마삭 가지를 살짝 뛰어넘으며 서연이 아버지가 말했다.

"미영이가 지금 그 이야기를 하는지도 모르겠네요. 둘이 무슨 이야기를 저리 하는지."

"하여튼 우연도 대단한 우연이네요. 두 분이 그 배를 안다는 것도 그렇고, 제가 주운 것도 그렇고."

"마재에서 우연히 마주친 것도 그렇죠, 아버님."

"그러네요, 정말."

서연 아버지가 잠깐 멈춰 섰다. 그러고는 내 눈을 바

라보았다.

“정말 고마워요, 달중 군.”

“네? 무슨?”

“저번에 서연이가 서울 갔을 때도 챙겨 주고, 수원에도 직접 만나러 와 주고, 게다가 오늘 강진까지. 덕분에 저나 서연이가 배운 것도 많지만, 일단 두 사람을 알게 된 것 자체가 더 기쁩니다. 정말 고마워요.”

“제가 오늘 여기 온 건 서연이 때문도 아닌데요, 뭘.”

“아니에요. 마재에, 수원에, 여기 강진까지, 정말 고마워요.”

“아이 참, 아버님도…….”

뜻밖의 인사에 민망함이 밀려왔다. 그저 자기 아이에게 친절히 대해 줬다는 것만으로 진심으로 감사 인사를 전하는 저 부정(父情)에 나는 잠시 숙연해졌다.

“그건 그렇고, 사실 강진이 정약용 답사의 마지막 코스인 셈이에요. 화성이랑 마재에도 가 보셨으니 중요한 덴 다 둘러보신 거예요. 앞으로도 답사를 계속 하실 건가요?”

“글쎄, 저는 잘 모르겠어요. 저야, 우리 서연이가 가자면 가고……. 제가 딸바봅니다, 딸바보! 하하하…….”

어느새 ‘만경다설’ 앞에 도착했다. 다산초당에서 백련사까지 이어지는 800미터를 걷다 보니 그새 다들 땀이 많이 흘렀다. 정오를 훌쩍 넘기면서는 햇살도 제법 많이 따가워졌다. 그러고 보니 이곳 강진은 남도의 끝부분, 우리나라 남쪽 끝 아닌가.

다들 찻집에 들어가기로 했다. 오디를 넣은 팥빙수가 여름 한정 메뉴라고 써 붙여 놓은 찻집. 저기서 또 사람들은 배롱나무를 주목할 것이고, 그 너머로 강진만을 볼 것이고, 팥빙수든 떡차든 무언가를 마실 것이고, 그러고는 많은 이야기를 나눌 것이다. 좋은 풍광이 있는 곳에서 차를 앞에 놓고 앉으면 한동안 일어서지 않을 만큼 오래도록 이야기를 나누게 되겠지.

정약용도 그러지 않았을까? 다산초당 옆 샘물에서 물을 길어와 초당 바로 앞 다조에 솔방울을 모아 물을 끓여서는, 때때로 문을 활짝 연 채 방 안에 들어앉아 차를 마셨겠지. 눈으로 만경을 보고 입으로 차를 맛보며 초당에 찾아온 사람들과 이런 저런 이야기를 나누곤 했겠지. 야생 차가 많이 자란다는 다산 아래 그 초당에서 잠깐씩은 유배자로서의 괴로움을 잊으며 그윽한 차 맛에 깊이 빠져들지 않았을까? 때때로 그런 날도 있었을 텐데……. 그렇다면 가끔씩은 그를 다산 정약용이라고 불러도 좋겠구나, 다산 정약용.

끝나지 않을 것만 같던 유배지의 마지막 날이 정약

용에게 왔던 것처럼, 언젠가는 이 뜨거운 여름도 끝날 것이고, 그러고는 추운 겨울이 오고 그 겨울의 끝자락 새봄 한 켠에서 붉은 꽃을 가득 매단 동백나무를 보게 될 그날이 내게도 올 것이다. 그때쯤이면 이렇게 아린 가슴이 아니어도 동백을 마주할 수 있게 될까? 아직은 많이 아프지만 언젠가는 그런 아픔마저 담담히 받아들일 수 있는 그런 날이 오지 않을까? 언젠가는 서연이에게도, 그리고 내게도.

나는 조용히 신발을 벗고 찻집 안으로 들어섰다.

밤이 되어서야 춘천에 도착했다. 긴 여정이었다. 많이 피곤하기는 하지만, 쉽게 잠이 올 것 같지가 않다.

농담 잘하고 밝은 사람인 줄만 알았는데 달중 오빠가 그런 힘든 시간을 보내고 있는 줄 몰랐다. 이제 겨우 1년이라니. 겪어 보지 않은 사람은 교통사고로 가족을 잃는 것이 얼마나 갑작스런 일인지, 얼마나 큰 충격인지 알지 못한다. 그때 겨우 아홉 살이었던 내게는 거실을 울리던 한낮의 전화벨 소리, 복도를 달리던 아빠의 발자국 소리, 사람들의 울음소리, 나를 갑자기 당겨 안던 할머니의 떨리는 팔, 뭐 이런 단편적인 기억들만 떠오를 뿐이지만, 달중 오빠에게는 너무나 생생한 아픔일 것이다. 그래서 오빠가 운전대를 잘 잡지 않는다는 미영 언니의 이야기. 그럼에도 부산에서 강진까지 달려온 것은, 엄마와 마지막으로 여행했던 곳이 강진이었기 때문일 거라는 뜻밖의 이야기를 들었다. 오빠에게는, 다산초당에서부터 백련사까지 걸어온 그 숲길과, 그 길 끝에서 만났던 동백 숲과, 오늘 우리가 차를 마셨던 그 찻집이 마음에 남은 엄마와의 마지막 추억이었다니.

그러고 보면 누구에게나 감당하기 벅찬 삶의 무게는

있는 것 같다. 5학년 때였나, 혜림이 생일 파티에서였지. 헝클어진 내 머리를 다시 빗겨 주시던 혜림이 엄마의 낯설지만 좋은 냄새와, 그 냄새를 맡는 순간, 내가 엄마 없이 살고 있다는 사실을 분명하게 깨달았던 그날의 기억. 그 후로 내 슬픔에 빠져 안으로만 가라앉았던 긴 시간. 달중 오빠의 따스한 충고가 없었다면 아빠의 외로움은 지금까지도 내 눈 밖의 일이었을지 모른다.

아들을 잃고 가슴 아파하면서도 부인의 아픔에 더 마음을 쓰는 정약용의 그 편지를 읽는 순간, 비로소 아빠의 잘 다려지지 않은 와이셔츠가 내 눈에 들어왔고, 반백이 된 머리와 먼지 뒤집어쓴 작업화가 보이기 시작했다. 식사 후 뉴스가 끝날 때까지 말 한마디 없는 아빠의 외로운 저녁시간이 느껴지기 시작했고, 혼자 장을 보고 검은 비닐봉지 여러 개를 들고 들어오는 아빠의 궁색함이 불편해지기 시작했고, 별말도 아닌 나의 이야기에 금세 밝아지는 아빠의 얼굴이 안쓰럽기 시작했다.

나의 슬픔에만 너무 집중하지 말자. 아빠의 외로움과 힘든 시간에도 마음을 쓰도록 하자. 쾌활하게 떠든다고 아픔이 없는 것이 아니라는 것을 달중 오빠에게서 봤잖아.

엄마를 잃었던 아홉 살이 나와 같았다고 정약용에게 말할 수 없는 동질감을 느꼈지만, 알고 보면 정약용과는 비교할 수 없는 커다란 동질감을 나는 아빠한테서 느껴야 했던 게 아닐까. 힘들고 어려운 시간을 아빠와 공유하고 있는 것이 아닌가 말이야.

미영 언니도 잘 도착했다고 문자가 왔고, 달중 오빠도 잘 들어갔다고 한다. 사람은 언젠가는 되돌릴 수 없는 이별을 해야 한다고 오빠가 말했지. 그런 사실을 담담하게 받아들이기에는 아직 내가 좀 어리지만, 아홉 살이 같았다고 처음 내 상처를 내보였던 그날보다는 그래도 많이 자연스러워졌다. 시간이 더 흐르면 그런 되돌릴 수 없는 이별에 나도 달중 오빠도 좀 더 의연해지려나. 지금은 떠올리기도 고통스럽지만 시간이 더 흐르면 그런 것들까지 삶의 한 부분으로 담담히 받아들일 수 있게 되려나. 우리 힘으로 어찌할 수 없는 삶의 한 과정임을 인정할 수 있게 되려나.

이제 정약용 답사는 끝났다. 아주 감상적인 동기에서 시작했고, 어찌 보면 아주 감상적인 상태에서 끝나게 된 셈이지만, 미영 언니 달중 오빠 두 사람을 만나게 되어 내게는 정말 소중한 시간이었다. 내 책상 앞에 붙여 놓을 '삼근(三勤)'과 '병심확(秉心確)'이라는 말을 알게 된 것, 아빠의 외로움이라든가, 나만 괴로웠다고 생각했던 내 마음의 편협함 같은, 그동안 내가 보지 못하던 것들을 보게 된 것도 답사에서 얻은 의미 있는 수확이다.

유배지에서 보낸 18년의 시간이 얼마나 고통스러웠을지 나는 잘 상상할 수가 없다. 가족과 형제와 그렇게 강제로 헤어져야 했던 상황이, 사실 내가 상상하기에는 너무 역사적이고 막연한 상황이었다. 그러나 차로 가도 춘천과 강진이 이렇게 먼데, 걸어서 한 걸음 한 걸음 강진으로 떠나던 긴 여정이 정약용에게는 얼마나 힘들었을까? 슬픔과 아픔을 조금씩 오래오래 맛봐야 했던 잔인했던 시간들을 어렴풋하게 알 것도 같다. 그래서 그는 그렇게 공부에 매달렸는가. 그것 말고는 그토록 잔인한 괴로움에서 자신을 건져 낼 방법이 없었던 게 아니었을까? 그래서 그렇게 자신을 가다듬으며 부지런히 부지런히 공부에만 매달린 게 아니었을까?

위인전에 나오는 위대한 인물, 나와는 다른 시대를 살았던 그런 정약용이지만, 200년도 더 되는 시간의 벽을 넘어 열여덟 여고생의 삶에 좋은 영향을 끼쳤다는 걸 정약용이 알았으면 좋겠다. 고통의 바닥을 차고 올라와 한국 사상사의 중심에 우뚝 선 모습 자체만으로, 괴로운 시간을 보내는 많은 사람들에게 깊은 위로가 된다는 것을 그가 알았으면 좋겠다. 그런 사실을 알게 된다면, 유배지에서 보냈던 괴로운 시간들이 헛된 몸부림은 아니었다고 생각할 텐데. 그가 생각한 수기와 목민이 이렇게 사람들 사이에서 실현되고 있음에 흐뭇해할지도 모르겠다. 정약용, 그에게로 가는 길. 절망 속에서도 삶을 지탱하는 인간의 굳은 의지와 한없는 삶에 대한 긍정을 나는 그 길 끝에서 보았다.

부록

다산 연보

답사 길잡이

성장기(1762~1782)

연령	연대	경력	대내외 정세	저술
1	1762 (영조38)	음력 6월 16일 사시(巳時)에 경기도 광주군 초부면 마현리(지금의 남양주시 조안면 능내리)에서 태어남. 아버지 정재원(丁載遠), 어머니 해남 윤씨의 4남 1녀 가운데 4남.	사도세자가 죽임을 당함.	
2	1763 (영조39)	천연두를 앓음.		
4	1765 (영조41)	천자문을 배우기 시작함.		
6	1767 (영조43)	아버지가 연천(漣川) 현감으로 부임. 아버지로부터 교육을 받음.		
7	1768 (영조44)	'산'이라는 제목의 한시를 지음. 천연두를 앓은 흔적이 오른쪽 눈썹 위에 남아 삼미자(三眉子)란 별호를 가짐.		
9	1770 (영조46)	어머니 해남 윤씨가 43세의 나이로 죽음.		
12	1773 (영조49)	서모 김씨가 시집을 옴.		
15	1776 (영조52)	풍산(豊山) 홍씨와 결혼. 서울의 명례방에 거주함.	영조가 서거하고 정조가 즉위함. 미국 독립선언.	
16	1777 (정조1)	성호 이익의 유고를 읽음.		
22	1783 (정조7)	4월에 회시에서 합격 진사가 됨. 성균관에 들어감. 9월에 장남 학연(學淵)이 태어남.	이승훈이 중국에서 세례를 받음.	유수종사기(遊水鍾寺記)
23	1784 (정조8)	이벽을 통해 천주교에 대한 이야기를 듣고 책을 빌려 봄. 여름에 정조에게 《중용강의(中庸講義)》 80여 조목을 지어서 올림.	이승훈이 천주교 관련 책을 가지고 귀국.	

관직 시절(1783~1800)

연령	연대	경력	대내외 정세	저술
28	1789 (정조13)	과거에 수석으로 급제함. 겨울에 배다리(舟橋)의 제작 규제를 만들어 공을 세움.	사도세자 묘를 수원으로 이장. 프랑스 대혁명.	
31	1792 (정조16)	진주 목사로 있던 아버지가 임소에서 별세. 5월 광주에서 여막을 짓고 거처함. 수원 화성을 설계하고 거중기와 녹로를 고안하여 수원성 축조에 이용함.		성설(城說) 기중도설(起重圖說)
33	1794 (정조18)	6월에 아버지의 삼년상을 마침. 10월 경기 암행어사가 되어 연천 현감 김양직과 삭령 군수 강명길을 벌함.		
34	1795 (정조19)	정월에 동부승지(同副承旨)에 제수됨. 2월에 병조참의(兵曹參議)에 제수됨. 7월에 주문모 입국사건으로 충청도 금정(金井-洪州) 찰방(察訪)으로 좌천.	4월에 청나라 신부 주문모가 들어와 천주교를 전파하다 7월에 발각됨.	도산사숙록(陶山私淑錄)
36	1797 (정조21)	6월에 다시 승정원 동부승지가 되었으나 사직상소를 올림. 6월에 황해도 곡산 부사(谷山府使)에 제수됨.		마과회통(麻科會通)
37	1799 (정조23)	5월에 형조 참의에 제수되어 많은 옥사를 처리함.		
39	1800 (정조24)	봄에 고향에 돌아옴. 당호(堂號)를 여유당(與猶堂)이라고 함.	정조 승하	여유당기(與猶堂記)

유배기(1800~1819)

연령	연대	경력	대내외 정세	저술
40	1801 (순조1)	2월에 책롱(冊籠)사건으로 경상도 장기로 유배됨. 10월에 황사영(黃嗣永) 백서사건으로 다시 투옥됨. 11월에 다산은 강진으로, 둘째형 약전은 흑산도로 유배됨.	신유사옥으로 정약종, 권철신, 이승훈 등이 처형됨.	
42	1803 (순조3)	김대비의 해배 명령이 있었으나 서용보가 반대.		단궁잠오(檀弓箴誤) 애절양(哀絶陽) 사의재기(四宜齋記)
44	1805 (순조5)	봄에 아암 혜장과 교유.		
45	1806 (순조6)	이학래(李鶴來) 집으로 이주.		
47	1808 (순조8)	봄에 윤단(尹博)의 다산초당으로 옮김.		주역사전(周易四箋) 역학서언(易學緖言)
52	1813 (순조13)	서모 김씨 사망.		논어고금주(論語古今註)
54	1815 (순조15)			심경밀험(心經密驗) 소학지언(小學枝言)
55	1816 (순조16)	6월에 형 약전이 흑산도에서 죽음.		악서고존(樂書孤存)
57	1818 (순조18)	봄에 《목민심서》가 이루어짐. 8월에 유배에서 풀려남. 9월에 강진을 떠나 고향 마재 본가에 돌아옴.		목민심서(牧民心書) 국조전례고(國朝典禮考)

만년 시절(1819~1836)

연령	연대	경력	대내외 정세	저술
58	1819 (순조19)			흠흠신서(欽欽新書) 아언각비(雅言覺非)
59	1820 (순조20)	봄에 배를 타고 춘천 청평산 등을 유람.		
60	1821 (순조21)	9월 맏형 약현 작고.		
61	1822 (순조22)	회갑을 맞이하여 자신의 묘지명을 지음.		자찬묘지명(自撰墓誌銘)
62	1823 (순조23)	승지 후보로 낙점되었으나 곧 취소됨.		
73	1834 (순조34)	《상서고훈》과 《지원록》을 합편하여 새롭게 책을 냄.		상서고훈(尙書古訓)
75	1836 (헌종2)	회혼일인 4월 7일(음 2월 22일)에 본가에서 병으로 서거. 4월 1일 여유당 뒷동산에 안장.		
	1882	여유당전서가 전사(全寫)되어 내각(內閣)에 수장(收藏)됨.		
	1910	7월 18일 정이품(正二品) 정헌대부(正憲大夫) 규장각제학(奎章閣提學)을 추증(追贈)하고 시호를 문도공(文度公)이라 함.		
	1934~38	다산 서거 100주년을 맞아 정인보, 안재홍 등의 노력으로 여유당전서 76책이 간행됨.		

남양주 다산 유적지

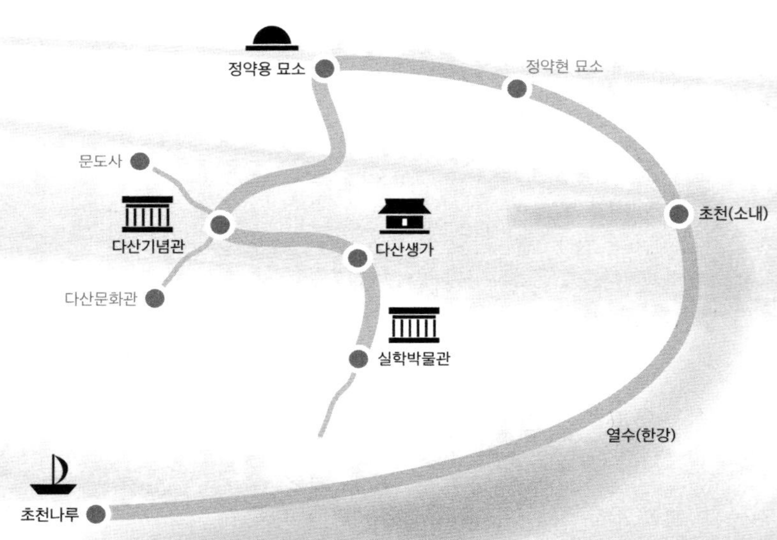
정약용 묘소
정약현 묘소
문도사
다산기념관
다산생가
초천(소내)
다산문화관
실학박물관
열수(한강)
초천나루

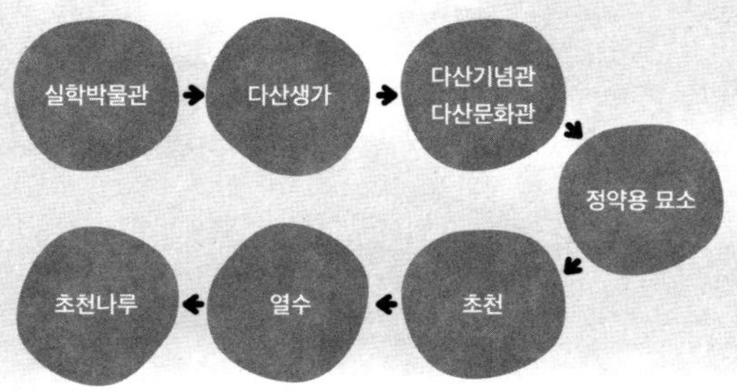
실학박물관
다산생가
다산기념관
다산문화관
정약용 묘소
초천
열수
초천나루

❶ 실학박물관
조선 후기 개혁과 자아 탐구의 동력이었던 실학을 통해 한국의 정체성 찾기 위해 만든 박물관이다. 실학 문화의 체험으로 21세기 자아의 세계화를 선도할 수 있는 열린 박물관을 지향한다.

❷ 다산 생가(여유당)
1800년(정조 24) 정조가 돌아가시기 전에 고향으로 돌아온 다산은 정약전·정약종 등 형제들과 매일 경전(經典)을 공부하며, '여유당(與猶堂)'이라고 이름을 붙였다. 다산 생가는 1925년 여름에는 큰 홍수로 떠내려가 1970년대에 복원되었다.

❸ 다산기념관·다산문화관
다산 정약용의 생애와 업적을 기리기 위해 세워진 기념관으로 《목민심서》와 《흠흠신서》 등 다산의 저서를 비롯해 거중기와 녹로의 축소 모형, 친필 서한과 간찰 등을 볼 수 있다. 다산기념관 옆에 있는 다산문화관에는 다산이 설계한 배다리(舟橋)를 이용해 정조가 수원에 있는 아버지 사도세자의 묘소(顯隆園)를 참배하러 갈 때의 모습을 그린 능행도와 500여 권에 달하는 방대한 저술을 분야별로 기록하여 놓았고, 조금 더 자세한 자료를 알고자 할 경우에는 컴퓨터를 활용하여 검색할 수 있다.

❹ 정약용 묘소
정약용은 1762년(영조 38) 6월 16일 11시경에 생가에서 태어나 75세이던 1836년(헌종 2) 2월 22일 8시경에 세상을 떠났다. 이 날은 부인인 풍산 홍씨와 혼인한 지 60년을 기념하는 회혼례(回婚禮)를 하기로 한 날 아침이다.

❺ 초천(苕川)
정약용 생가 앞을 흐르던 갈대 숲 우거진 실개천으로, 한강으로 흘러들어 간다. 소내·소천·우천(牛川)으로도 알려져 있다.

❻ 열수(洌水)
열수는 한강을 가리키는 다른 이름이다. '열수'는 다산이 고향으로 돌아와 환갑이 되기 전까지 사용한 별호이기도 하다.

❼ 초천나루
다산이 서울은 물론 세상과 소통하던 길이다. 이곳에 흐르는 한강을 두미(斗尾)·두미(頭尾)·두모(斗毛)·두모(豆毛)라고 했기 때문에 이 나루를 두모포, 또는 소내나루라고 부르기도 했다.

위치 | 경기도 남양주시 조안면 다산로 747번길 11
홈피 | http://www.nyj.go.kr/dasan/03_tra/01.jsp
전화 | 남양주시청 문화관광과 (전화 031) 590-2064, 2067) 다산유적지관리사무소 (전화 031-590-2481, 2837)

강진 다산초당

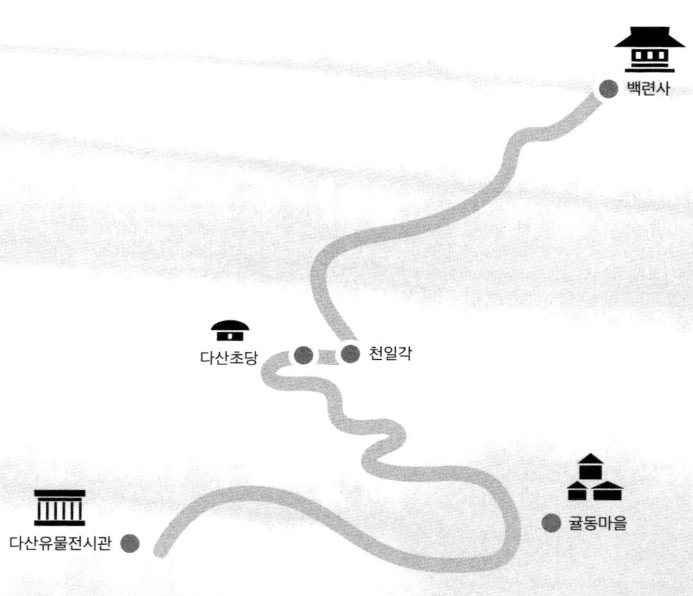

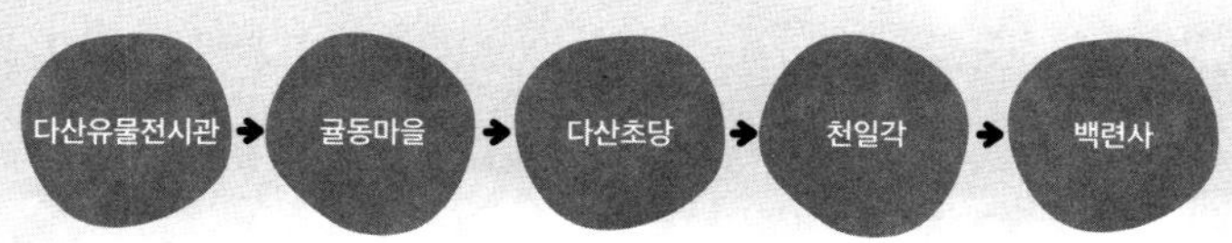

❶ 다산유물전시관
다산유물전시관은 다산초당 남쪽 800미터 지점에 위치하며, 다산 정약용 선생의 생애와 업적 등을 쉽게 이해할 수 있도록 꾸며져 있다.

❷ 귤동마을
넓은 친환경 농업단지와 도암만의 푸른 바다 그리고 천혜의 갯벌 사이에 조성된 생태공원 등을 갖춘 반농반어(半農半漁) 마을로, 산·바다·들판에서 농어촌을 체험할 수 있는 환경을 두루 갖추고 있다.

❸ 다산초당
강진만이 한눈으로 굽어보는 만덕산 기슭에 자리한 다산초당은 다산 정약용 선생이 강진 유배 18년 중 10여 년 동안을 생활하면서 《목민심서》, 《경세유표》, 《흠흠신서》 등 600여 권에 달하는 조선조 후기 실학을 집대성한 곳이다.

❹ 천일각
다산초당 동암을 지나 조금 걸어가면 강진만을 내려다볼 수 있는 작은 정자. 다산 당시에는 없었으나 후대에 조성한 곳이다.

❺ 백련사
다산초당의 정자, 천일각에서 백련사로 넘어가는 산길은 만덕산의 푸근한 품속을 거닐듯 부드러운 흙길이다. 백련사는 다산 정약용과 교류하며 차와 학문을 논했던 혜장선사에 의해 다시 한 번 알려졌다. 실학사상의 대가와 불가의 고승이 사상을 뛰어넘는 토론을 이어가며 따뜻한 차 한 잔에 깊은 우정을 나누던 모습은 상상만으로도 아름답다.

위치 | 전라남도 강진군 도암면 다산초당1길 7-5
홈피 | http://tour.gangjin.go.kr
전화 | 강진군청 문화관광과(061-430-3223), 다산초당 관광안내소(061-430-3911)

수원 화성

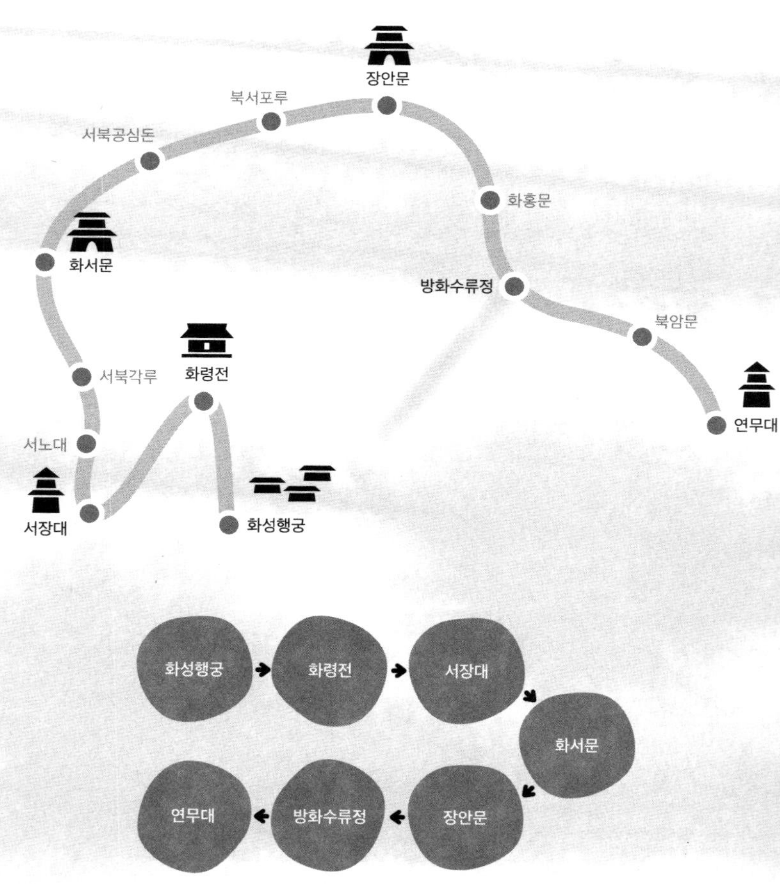
장안문
북서포루
서북공심돈
화홍문
화서문
방화수류정
북암문
서북각루
화령전
연무대
서노대
서장대
화성행궁
화성행궁
화령전
서장대
화서문
장안문
방화수류정
연무대

❶ 화성행궁

화성행궁은 정조가 임시로 머물던 행궁으로 전국의 행궁 중에서 가장 규모가 컸던 곳이다. 원래는 수원유수가 업무를 보던 건물로 그 격에 맞게 출입문인 신풍루는 일반 지방관청의 출입문과 같은 형태를 취하고 있다.

❷ 화령전

정조의 진영(眞影)을 모시고 해마다 제사를 지내던 건물이다. 순조가 아버지 사도세자(思悼世子)의 무덤을 명당처인 화산(華山)에 옮기고 새로 수원부를 건설했던 정조의 효심과 유덕을 받들기 위하여 1801년(순조 1) 수원부의 행궁 곁에 건립했다.

❸ 서장대

수원화성 서쪽 편에 위치한 팔달산에서 제일 높은 곳에 있다. 연무대라 불리는 동장대와 함께 수원화성에서 군사들을 지휘하는 지휘소 같은 역할을 했던 곳이다. 특히 서장대에 올라서면 사방으로 막힘이 없이 시원하게 뚫린 시야를 확보할 수 있어, 수원화성 내부뿐만 아니라 외부까지 사람들의 움직임을 잘 감시할 수 있다.

❹ 화서문

화성의 서문으로 축성 당시의 모습을 잘 보존하고 있어 팔달문과 함께 보물로 지정되었다. 중국성의 모습을 본뜨기는 했지만 과학적인 방법으로 성을 쌓아 훨씬 발달한 모습을 갖추고 있으며 한국 성곽을 대표하는 뛰어난 유적이다.

❺ 장안문

'장안'이라는 말은 수도를 상징하는 말이자 백성들의 안녕을 상징하는 의미이다. 장안문 누각의 지붕은 우진각 지붕으로 웅장한 위엄을 주고 있으며, 우리나라에서 가장 큰 성문이다. 성문의 바깥에는 반원형의 옹성을 쌓았는데 이것은 항아리를 반으로 쪼갠 것과 같다고 해서 붙인 이름으로 성문을 보호하는 역할을 한다.

❻ 방화수류정(동북각루)

화성의 동북각루는 그 아래에 있는 용연, 화홍문과 함께 경관이 가장 빼어난 곳으로 수원화성의 백미라 할 수 있는 곳이다. 조선 후기 건축 기술의 뛰어남을 잘 보여준다. 그래서 동북각루는 방화수류정이라는 이름이 따로 붙여져 있으며, '꽃을 좇고 버드나무를 따라가는 아름다운 정자'라는 뜻이다.

❼ 연무대(동장대)

동장대는 동문인 창룡문과 북수문인 화홍문 사이 높은 언덕에 위치하고 있는 장대이다. 팔달산 정상에 있는 서장대가 화성 안과 밖을 감시하면서, 적과 화성에 주둔하고 있는 병사들의 움직임을 조망하면서 지휘하는 장소라면, 서장대는 이 곳 수원화성에 주둔하는 병사를 모아놓고 훈련을 하거나 군사적인 집회가 이루어진 곳이다. 실제로 정조 재위 시절에 이곳에서 많은 행사가 있었고, 군사들을 모아놓고 무예를 수련하게 했다고 하며, 그래서 '연무대'란 별칭이 붙었다.

위치 | 경기도 수원시 팔달구 정조로905번길 16
홈피 | http://www.swcf.or.kr(수원문화재단)
전화 | 031-290-3600(수원문화재단), 031-228-4677(화성행궁매표소)